Neuf talents

Neuf talents

JEAN-PAUL JULIA
Directeur Général de la Banque Populaire
Bourgogne-Franche-Comté et Pays de l'Ain

Sommaire

Jean-Paul Julia,
Directeur Général de la Banque Populaire Bourgogne Franche Comté et Pays de l'Ain.

Préface

En mai 2021, j'ai rejoint la région Bourgogne Franche-Comté et Pays de l'Ain que je connaissais déjà pour avoir séjourné dans le Jura pendant mon enfance et à Dijon au mitan des années 1990. Depuis mon arrivée, j'ai été conquis par la richesse du territoire, l'authenticité, la réussite et la modestie de tous ses acteurs. Le territoire de notre banque couvre les huit départements de la région Bourgogne Franche-Comté et une partie de celui de l'Ain. Ces neuf départements disposent de patrimoines historiques et culturels uniques et comptent une multitude de talents et de compétences, qu'ils et elles soient artistes, sportifs, entrepreneurs...

Cet ouvrage est né de notre volonté de rendre hommage à ces femmes et à ces hommes de tous âges, dont la réussite personnelle, professionnelle et sociétale est au cœur de l'énergie de notre territoire. Nous avons voulu mettre en avant ces neuf talents de notre région, un par département. Ils sont allés au bout de leurs rêves. Ils contribuent, avec discrétion et humilité, à la réussite et au rayonnement de cette région à laquelle ils sont profondément attachés.

Neuf profils, neuf personnalités, neuf récits et surtout neuf talents dont nous sommes fiers de mettre en avant le destin, qui conjugue travail, engagement et dépassement de soi.

Il a été bien difficile d'en sélectionner seulement neuf tant le choix était large. Nous assumons notre subjectivité d'autant que je vous donne rendez-vous l'année prochaine, et celles d'après, pour découvrir le fruit de nos coups de cœur de demain.

Nous inscrivons cette démarche dans le temps car, au sein de la Banque Populaire Bourgogne Franche-Comté (BPBFC), nous sommes toutes et tous, dirigeants et salariés, intimement liés à la Bourgogne Franche-Comté et aux Pays de l'Ain, à ses habitants, à ses professionnels, à ses petites et grandes entreprises, à ses associations et à ses collectivités.

Notre destin est commun, nos succès tout comme nos difficultés. Parce qu'il est de l'essence d'une Banque Populaire de contribuer au développement et à la réussite de son territoire, de le nourrir, de l'irriguer et de le promouvoir.

En Bourgogne Franche-Comté et Pays de l'Ain, comme ailleurs, il existe des leaders qui sont des sources d'inspiration pour la collectivité, des femmes et des hommes qui portent les valeurs de la région, des personnes particulières qui œuvrent à la réussite et à la promotion de leur territoire, quel que soit leur domaine de compétence.

Il est de notre devoir de banque régionale de les aider à réussir car ce succès a des résonnances sur l'ensemble de leur écosystème et donc sur le nôtre. Nous parlons de réussite professionnelle bien entendu, mais aussi personnelle car la recherche de l'épanouissement, de la réalisation et probablement quelque part d'une forme de bonheur est une ambition que nous partageons toutes et tous.

C'est sans nul doute l'aspect le plus exceptionnel de notre métier et notre plus grande fierté : être au service de notre territoire et de ses acteurs dans une dimension d'utilité en défendant l'innovation, la liberté et la réussite.

Et nous ne dirons jamais assez la beauté, l'utilité et la grandeur du métier de banquier: nous accompagnons nos clients dans leurs projets et dans leur vie. Cela exige que nous les comprenions tous. Cela impose aussi de comprendre et d'appréhender le monde dans sa globalité et d'anticiper les impacts des événements nationaux et internationaux sur notre région. Nous nous évertuons à prévoir les crises, à les expliquer en amont et à réagir le plus efficacement possible en aval afin d'accompagner au mieux nos clients, y compris durant les périodes de tempête.

Au fond, tout est affaire de femmes et d'hommes. La dimension personnelle est fondamentale. Un jour, un des collaborateurs de la BPBFC a rencontré l'un de nos neufs talents de cette année, comme il a pour habitude de le faire avec chacun de ses clients. Il a pris le temps de le connaître, de l'écouter, et il a fait le choix de l'accompagner. Derrière cette histoire d'hommes et de femmes, il existe en toile de fond un socle de valeurs de notre banque: c'est la conviction que nous sommes les partenaires de votre réussite.

Si certains de nos collaborateurs ou de nos clients nous rejoignent parfois par hasard, ils restent toujours par choix car ils partagent des valeurs communes et les défendent.

Notre culture est enracinée depuis plus de cent ans : chaque client doit faire l'objet de toute notre attention. Chacun et chacune compte. Nous sommes fiers d'aimer nos clients.

Le métier de banquier consiste aussi à soutenir ses clients dans les moments difficiles. Notre banque assure son métier dès lors qu'elle relève des défis compliqués. Nos clients ont traversé et traversent encore de nombreuses épreuves, notamment en raison de la crise sanitaire et de la situation géopolitique mondiale, et la BPBFC les soutient dans tous les événements de leur vie. Nos agences sont restées ouvertes, des lignes de crédit ont été dégagées, des milliers de PGE (Prêt garanti par l'État) ont été accordés.

Nous défendons aussi cette réalité. Nous pouvons tous avoir un accident de vie, nous tromper, emprunter la mauvaise voie, mais, au bout du compte, notre banque se doit d'être à l'écoute et d'être présente. Nous relevons les défis et prenons des risques, ensemble. Main dans la main avec nos clients, nous bâtissons l'avenir.

Parce que notre projet initial lors de la création de la banque demeure : assurer l'avenir de nos clients et de notre territoire dans la durée. Notre Banque Populaire de Bourgogne Franche-Comté et des Pays de l'Ain inscrit son action dans celle-ci, dans ce que nous appelons, avec fierté, le temps long ! Avec fierté car cette capacité à raisonner et à agir dans la durée constitue l'un de nos atouts majeurs et fait notre spécificité.

Afin de valoriser la diversité des neuf départements et de remplir au mieux notre mission, nous faisons le choix de conserver notre ancrage local, notre proximité à travers le maintien de deux sites centraux et le maillage de nos agences sur l'ensemble du territoire. Là encore, nous bénéficions d'une spécificité qui nous rend fiers, car non seulement nous conservons notre réseau d'agences, mais en plus nous en ouvrons de nouvelles.

Ce livre est une fierté pour nous ! J'espère qu'il le sera aussi pour tous les habitants de cette magnifique région. La culture de la Bourgogne Franche-Comté et des Pays de l'Ain vient de loin et perdurera longtemps. Notre Banque Populaire Bourgogne Franche-Comté contribue aussi à cette histoire commune : elle a apporté, apporte et apportera longtemps des pierres pour fortifier cet édifice, en s'immergeant dans le passé, en s'inspirant du talent de celles et ceux qui nous ont précédés pour être en capacité de préparer l'avenir des générations futures.

Quelle belle idée que celle de la durée, de la construction au service d'un territoire et de sa population, quel beau métier que le nôtre. Puisse ce livre assurer un juste remerciement à ceux et celles qui portent notre territoire et, en réalité, nos rêves !

SON LIEU DE PRÉDILECTION
Champagnole, souvenirs d'enfance

Sans hésiter, Jean-Paul Julia cite Champagnole dans le Jura. Un lieu qui a pour lui le parfum de l'enfance. Il y a passé plusieurs étés entre l'âge de trois ans et sept ans, ses paysages n'ont jamais cessé de l'inspirer. Ses souvenirs sont vifs, gravés dans sa mémoire ou fruit des récits de ses deux sœurs : une excursion au majestueux lac de Chalain, qui imposait une étape par les “effrayantes” berges vaseuses ; des promenades en forêt où il s'amusait avec ses aînées à tenter, en vain, d'entourer le sapin président qui lui paraissait si immense ! Des kilomètres parcourus à vélo et ces haltes pendant lesquelles ils dégustaient du Comté, un fromage pour lequel son amour ne s'est jamais démenti.
Le Jura, la madeleine de Proust de Jean-Paul Julia....

Vue du lac de Chalain

Christine Maffli,
Fondatrice de Venera Création.

1.
Un coq à l'Élysée

Nous sommes en 1992. Christine Maffli a 19 ans lorsqu'elle quitte son Arménie natale pour aller s'installer à plus de 3 000 km, auprès de son mari et de sa famille, en Franche-Comté. D'Erevan, la ville rose, capitale nichée derrière le mont Ararat, aux portes de la Russie, à Montbéliard, le contraste est saisissant.

Le clan travaille pour l'industrie automobile, comme une large partie de la population. La région est notamment le berceau de la famille Peugeot, on y trouve aussi Faurecia, Alstom… La métallurgie et la production d'objets métalliques sont les deux activités dominantes en Bourgogne-Franche-Comté.

Pourtant, très vite, ses repères sont ébranlés. Son divorce la contraint à réinventer son destin français au singulier. Il lui faut vite trouver un logement, une banque qui la soutienne – ce sera la Banque Populaire Bourgogne Franche-Comté –, reprendre ses études. Si elle veut s'intégrer en France, se construire un avenir, Christine sait qu'elle doit passer par la case diplôme. Elle choisit l'école d'art de Belfort, elle est une créative, son ADN ne ment pas.

Son diplôme en poche, Christine débute alors une carrière d'infographiste à l'Agence de développement et d'urbanisme du pays de Montbéliard avant de fonder une famille avec un industriel local. Celui-ci lui ouvre les portes d'un monde fait de découpes laser ultraprécises. Son avenir va se jouer à la croisée de l'art et de l'industrie. Christine décide en effet d'unir les deux univers, d'intégrer à son travail artistique la tradition manufacturière franc-comtoise. La région regorge de pépites industrielles françaises, le savoir-faire local est multiple et reconnu.

Bientôt, Christine a l'idée d'utiliser cette richesse pour nourrir son art. En 2016, elle crée sa marque Venera – « Vénus » en arménien – à Valentigney, berceau de l'aventure automobile et de l'aéronef. Ses objets design en métal 100 % made in France seront vendus dans sa boutique du même nom à Montbéliard. Est-ce par gratitude pour cette région qui lui a ouvert les bras ? Toujours est-il que Christine souhaite que ses œuvres puissent être fabriquées localement. Elle désire participer à l'activité et au rayonnement de cette région aux mille et une compétences.

Les débuts ne sont pas simples. Christine doit faire preuve de ténacité. Son bâton de pèlerin à la main, elle part à la rencontre des industriels. Son objectif: qu'ils acceptent d'ouvrir leur chaîne de production à ses créations. « Lorsque je suis arrivée la première fois dans une usine pour présenter mon projet, je me suis sentie comme une extraterrestre. Demander à des sous-traitants de l'industrie automobile spécialisée dans des capots de voiture de me fabriquer des papillons, je vous laisse imaginer... »

Pourtant, elle ne se décourage pas. Apporter un soupçon de poésie dans cet univers de boulons et d'acier, dans une époque qui en a cruellement besoin, lui semble une mission sensée. Les crises – Covid, guerre russo-ukrainienne – qui frappent le monde à répétition depuis quelques années ne font qu'aviver sa détermination.

Même si les idées germent dans son esprit créatif, l'industrie et l'art se nourrissant l'un l'autre, c'est au contact des savoir-faire que Christine mesure le champ des possibles. Bien sûr, tout part d'un désir, d'une volonté. L'artiste se demande alors quelle technique utiliser pour donner vie à ses ambitions. Cependant, plus Christine visite des entreprises, plus elle foisonne d'idées. Elle ne rechigne pas à utiliser les procédés que l'industrie met à sa disposition. Après avoir imaginé une création, vient la préparation des fichiers sur l'ordinateur, fichier 3D, le graphisme et le design. C'est alors l'étape du prototypage, puis de la fabrication – découpe laser, thermolaquage ou impression numérique. Quant aux finitions, entre chaque *process*, elles sont réalisées dans son atelier : ébavurage, pliage à la main, etc. Christine trouve très vite en la société Techni Partners, basée à Héricourt et spécialisée en sous-traitance industrielle, un partenaire fiable et fidèle pour la découpe laser. Ils collaborent depuis la première heure.

Les années ont passé depuis la création de Venera. Depuis 2016, les coûts de production n'ont cessé d'augmenter, le temps du repositionnement est venu. Alors même que son objectif originel était de permettre au public d'acheter des créations de qualité estampillées 100 % Franche-Comté, deux voies s'offrent à Christine : délocaliser pour garantir ses prix, ou se transformer pour pouvoir conserver ce label « Made in France » qui lui tient à cœur. Ainsi, forte de cette volonté farouche de rester franc-comtoise, elle opte pour la seconde solution et n'a d'autre choix que de réinventer Venera. Ses prix vont augmenter. Elle embrasse la voie de la difficulté et décide de sacrifier l'accessibilité pour maintenir une production locale. Car, oui, Christine se sent profondément française tout en restant fière de ses racines : « Je suis la preuve que l'on peut venir en France avec ses valises, sa propre culture, et intégrer celle qui nous accueille avec tout le respect qu'elle mérite. J'ai l'impression que ce sont des valeurs qui se perdent... »

L'art facilite les échanges culturels. Un pont naturel entre les peuples. Christine le sait. Elle a grandi dans une famille de chanteurs d'opéra. Son talent est ailleurs, elle dit en riant : « La Franche-Comté n'a pas besoin de mes vocalises tant le niveau de pluviométrie est élevé ! » Elle mesure aussi la valeur éducative de l'art pour les enfants : réflexion et imagination sont sources d'équilibre et d'une plus grande confiance en soi. Éveiller la sensibilité des générations à venir dans une région très industrialisée – une terre qui est aussi celle de Victor Hugo, de Colette, de Gustave Courbet – est un défi qui l'inspire.

Christine décide donc de conserver l'ensemble de son activité dans la région, et va se concentrer sur des pièces en série limitée et développer les œuvres artistiques. Les ventes se font en direct ou sur le site internet. Sa clientèle est française, suisse, belge, etc.

L'artiste a pour ambitions de collaborer avec d'autres créateurs, sortir des gammes originales, des miniséries, faire connaître et se faire connaître, s'entraider, mutualiser les talents, les compétences, les débouchés. Tous ces artistes sont confrontés à la même difficulté : vivre de leur passion. Et même si l'idée de devenir indépendants de l'industrie leur a traversé l'esprit, les investissements pour s'équiper des techniques dont ils ont besoin sont faramineux. Qu'à cela ne tienne, Christine, à l'image d'autres artistes locaux, continuera de solliciter le savoir-faire des ouvriers franc-comtois, apportant ainsi sa pierre à l'édifice de l'économie régionale.

Et lorsque Christine crée la vache Marguerite pour célébrer une fierté locale : la montbéliarde, star des vaches laitières, et race emblématique de la région, elle participe encore à son rayonnement.

Sont-ce les pachydermes de Christine qui ont inspiré l'office de tourisme lorsque celui-ci lui a passé commande? Le règne animal va rapidement devenir la nouvelle source d'inspiration et le terrain de création de prédilection de Christine. Elle maîtrise la technique, les variations sont infinies. Ce sera un lion pour Belfort, comme un écho à l'œuvre du sculpteur alsacien Auguste Bartholdi, un monument commémorant la résistance de la ville contre l'assaut prussien durant la guerre franco-allemande de 1870. Aujourd'hui, c'est une chouette que Christine conçoit pour la ville de Dijon. Le rapace solitaire et nocturne est en effet devenu au fil du temps l'emblème de la capitale bourguignonne. À l'origine, la chouette est une simple statue taillée sur le contrefort d'une chapelle de l'église Notre-Dame. Selon la légende, elle protège des mauvais esprits, exauce les vœux des passants qui la caressent.

Éléphant, vache, lion, chouette... bientôt vient le coq. Un tournant dans la vie de Christine. Elle l'imagine «en haut de l'affiche» comme dans la célèbre chanson d'Aznavour. Ce coq bleu, blanc, rouge, liberté, égalité, fraternité, va-t-il lui permettre d'atteindre ses rêves? Christine aime cette citation d'Oscar Wilde: «Il faut viser la lune, car même si vous échouez, vous atterrirez dans les étoiles.»

Son idée est simple et ambitieuse: que son coq devienne incontournable. «Aujourd'hui, lorsque les touristes viennent en France et achètent des grandes marques comme Hermès, ils repartent avec une petite tour Eiffel. Je voudrais qu'à l'avenir ils repartent aussi avec mon coq bleu, blanc, rouge marqué aux valeurs de la République française.»

Ses désirs vont être exaucés. Son coq trône aujourd'hui dans le bureau d'Emmanuel Macron au palais de l'Élysée. Comment s'est-il retrouvé là ? L'anecdote est savoureuse. Automne 2021, Christine se prépare pour le salon « Made in France ». Alors même qu'elle a réservé depuis longtemps 12 m^2, on lui explique au dernier moment que son dossier a été perdu et que, si elle souhaite à tout prix participer, il ne leur reste que 4 m^2 relativement mal placés. Son entourage lui somme d'abandonner, lui répète que cela ne vaut pas le coup d'investir autant. Christine ne veut rien entendre. Elle ira, coûte que coûte. Son intuition lui dit que ce salon peut modifier le cours de sa vie. Elle ne s'est pas trompée : il marque un véritable tournant pour Venera.

Christine se demande avant tout ce qu'elle va pouvoir exposer dans un espace aussi exigu. Elle n'imagine pas transporter la vache ou un éléphant. Elle cogite, émet des hypothèses : « Je dois amener quelque chose qui représente la France et qui est un symbole de tout mon savoir-faire », se dit-elle. Les possibilités sont infinies. Elle part toujours d'un plat pour obtenir une forme. Point de soudures, une fois pliée, la forme doit se tenir et être belle. Ce sera un coq.

Christine présente donc le coq gaulois au salon, les retours sont excellents. Un homme qui se dit conseiller auprès de grandes entreprises lui glisse : « Vous savez, les gens aujourd'hui n'achètent pas des objets mais des émotions. » Au fil de la discussion, ils en arrivent à la conclusion suivante : ce serait formidable que ce coq termine sa route à l'Élysée. La fille de Christine, venue lui prêter main-forte au salon, lui conseille d'écrire un courriel au président de la République. Ensemble, elles rédigent un mail laconique, six lignes tout au plus, et l'envoient sans imaginer une seule seconde qu'il trouvera un écho au sommet de l'État.

Moins de deux mois plus tard, Christine reçoit un courrier du cabinet d'Emmanuel Macron qui la félicite pour sa démarche et confirme que le palais de l'Élysée serait ravi de recevoir son coq, devenu dès lors patrimoine de la France ! Elle est à la fois stupéfaite et enchantée. Un modèle moins imposant est offert au président de la République qui la remerciera personnellement. En septembre 2022, à l'occasion des Journées du patrimoine, Christine est invitée à venir au 55 rue du Faubourg-Saint-Honoré pour admirer son coq qui s'épanouit au milieu de nombreuses œuvres et autres cadeaux présidentiels.

La machine est lancée. Le cercle de la réussite est vertueux. Christine reçoit d'autres demandes : une commune de la région a pour ambition de placer une immense Marianne au cœur de la ville, elle est choisie pour réaliser l'œuvre...

De l'école Gérard-Jacot aux ors de la République française, le temps a passé. Pourtant, Christine Maffli est restée la même, fidèle à ses valeurs, ses convictions, à cette terre qui lui a ouvert les bras. « Même ma banque est à mes côtés depuis le premier jour ! »

Son art a évolué au fil des ans. L'inspiration des débuts était profondément arménienne. Pour sa première collection de meubles, Christine avait utilisé la grenade cultivée depuis des millénaires dans ce petit pays du Caucase. Symbole de vie et de fertilité, on dit de cette baie savoureuse qu'elle aurait été un des rares fruits emportés sur l'arche de Noé et pourrait bien être la fameuse « pomme » qu'Ève a croquée... Puis, comme tout artiste, au gré des rencontres, au contact des cultures, son art a mûri, s'est transformé. Des artistes français, elle aime tout particulièrement l'exubérant couturier arlésien Christian Lacroix, Cocteau, Chagall ou encore Antoine de Saint-Exupéry.

Aujourd'hui, Christine voit grand. Créer toujours plus, et pourquoi pas exporter ses œuvres aux quatre coins du monde, d'Amérique en Orient ? L'Arménie et la France vissées au cœur, des idées plein la tête, Christine Maffli a pour sa terre d'accueil un attachement inébranlable, son avenir s'écrira aux couleurs de la Franche-Comté.

SON LIEU DE PRÉDILECTION
L'école d'art Gérard-Jacot à Belfort

C'est là, au 2 avenue de l'Espérance – le nom résonne comme un mantra –, que sa véritable histoire française a commencé. Fraîchement séparée de son mari, avec un destin à réinventer, une vie à reconstruire, Christine décide de reprendre ses études. Elle va ainsi passer les années suivantes de sa vie sur les bancs de l'école Gérard-Jacot, parmi des centaines d'élèves et de stagiaires de formations professionnelles. Christine doit son inscription à sa professeure de peinture, Dominique Dreyfus-Schmidt, dont elle a été l'élève pendant quatre ans. C'est dans ce lieu de promotion des arts plastiques qu'elle va trouver sa vocation, parfaire son français qu'elle avait naturellement appris grâce aux merveilleuses chansons de son compatriote Charles Aznavour, lier des amitiés qui durent encore aujourd'hui.

Cette école aux quelque 2 000 m^2 dédiés à l'enseignement des arts visuels et graphiques, où se mêlent près de 550 étudiants de tous âges, d'origines géographiques, sociales et professionnelles diverses et variées, est pour elle un lieu de pèlerinage.

Façade de l'école d'art Gérard-Jacot à Belfort

Sandrine Martinet,
Championne paralympique de judo.

2.
L'Or au pays du fer

Une blessure d'enfance transformée en courage et force. Grande timide, élève parfois rejetée, ostracisée à l'école du fait de son handicap visuel, Sandrine Martinet a commencé le judo en tant que personne valide, puis a fini par s'inscrire en version paralympique à l'âge de 9 ans pour canaliser sa colère et son énergie. Le mental de guerrière de la future championne est en devenir, sa confiance en construction, son destin scellé.

Le sport a toujours eu une place à part dans sa famille. Ses parents tiennent un café à Vincennes, en région parisienne. Les journées s'étirent, du matin au soir, le temps libre est compté. C'est donc le dimanche qu'elle passe quelques moments privilégiés avec son père, tout particulièrement autour du rugby et du foot. Ce dernier l'emmène au parc des Princes. Le sport ouvre les cœurs, délie les langues, offre au père et à sa fille de trop rares moments d'échanges, de communication.

Ses frères se sont aussi essayés au foot, puis au judo, l'un des professeurs de sport du lycée pratique la discipline, Sandrine est tentée. Contrairement à certains sports où son handicap visuel la pénalise – appréhender le déplacement du ballon, des coéquipiers et adversaires dans des sports collectifs peut être un véritable défi –, au judo, sport de contact, le kimono revêtu, Sandrine est une sportive presque comme les autres. Elle y voit aussi un moyen d'être moins moquée, plus respectée et intégrée.

Sandrine a un sens aigu des valeurs. Quoi de plus naturel que de choisir cet art martial de combat non violent, non offensif et non mortel ? Un sport qui prône le développement physique, moral et spirituel, l'épanouissement personnel, l'harmonie avec soi-même, mais avant tout avec les autres. Le judo a un code moral qui rime avec modestie, politesse, sincérité, amitié, courage, honneur et respect pour faire naître la confiance. Un code que l'on applique dans la vie de tous les jours et sur les tapis de judo. La confrontation physique n'est qu'un prétexte pour une meilleure maîtrise de soi afin d'affirmer sa personnalité et vivre pleinement ces valeurs.

Comme pour tout dans la vie, Sandrine Martinet s'applique à viser toujours plus haut. Ses entraînements, elle les assure contre des personnes valides. Ses lettres de noblesse, elle les acquiert très jeune avec les titres de championne de France handisport de 2002 à 2008, de vice-championne du monde à Rome en 2002, avant de rafler, entre autres, les titres européens, mondiaux, médailles d'or et d'argent aux Jeux paralympiques.

Sandrine l'athlète connaît le succès, Sandrine la femme se marie. Son époux militaire est d'abord muté en Picardie, l'expérience dure trois ans. Elle travaille alors à l'hôpital. En 2009, une nouvelle affectation les envoie en Saône-et-Loire, à Charnay, puis à Mâcon. Les enfants arrivent bientôt et c'est dans ce nouveau territoire que Sandrine va s'épanouir en tant que femme, mère, sportive, mais aussi kiné. En effet, en parallèle de sa carrière de sportive de haut niveau, Sandrine s'adonne à une autre passion, la kinésithérapie, depuis 2002. Sa vocation est née de sa rencontre avec Olivier Cugnon de Sévricourt, judoka paralympique en équipe de France et kinésithérapeute. Cette discipline vient des termes grecs *massein*, qui signifie « pétrir », *kinésis*, qui renvoie au « mouvement », et *therapeuein*, « soigner ».

C'est dans cette Bourgogne qui l'a accueillie à bras ouverts qu'elle va réaliser ses rêves: fonder une famille, s'installer en kiné libérale en 2015 et remporter ses titres les plus prestigieux à partir de 2016, ses médailles d'or et d'argent qui lui offrent une notoriété et qui lui permettent de mener d'autres combats loin du tatami.

Sandrine Martinet s'investit en effet dans de nombreuses causes, les enfants sont à ses yeux une priorité: « Ils sont les adultes de demain. Plus tôt on les sensibilise à la fois sur le côté handicap et le côté sport, santé, mieux ils pourront appliquer ces enseignements dans leur vie d'adolescents puis d'adultes, améliorer leur vie et leurs relations aux autres.»

Le cancer est un de ses chevaux de bataille. Étant elle-même dans le domaine paramédical, elle s'est toujours intéressée, entre autres causes, au cancer pédiatrique et au cancer féminin, utilisant sa réputation pour aider les différentes associations qu'elle soutient à améliorer leur visibilité, et donner de la force à ceux qui se battent au quotidien contre la maladie.

Sandrine s'investit aussi dans le domaine du sport, de la santé et du parasport. Là encore, elle marraine des associations venues la trouver grâce à son histoire, son palmarès sportif, ou au gré de rencontres humaines, de personnes croisées qui l'inspirent. Être utile est son credo. Elle a à cœur de mettre en avant les associations et de communiquer pour que leur cause soit défendue le mieux possible.

Avoir l'opportunité d'échanger avec quelqu'un, c'est pour Sandrine l'occasion de transmettre, d'enseigner mais aussi d'apprendre, que ce soit dans le domaine associatif, dans celui du travail ou du sport, ou bien dans d'autres domaines qu'elle ne maîtrise pas. Les multifacettes de sa vie lui permettent de rencontrer nombre de femmes, d'hommes, d'enfants et de pouvoir leur faire profiter de son expérience de judoka. La combativité, la résilience, l'échange et le partage l'animent: «c'est tout ce que j'aime et tout ce que le sport m'a apporté. Tout se rejoint».

Pourtant, mener toutes ses vies de front n'est guère simple, Sandrine a du mal à trouver des sponsors et des mécènes. Entre le début de sa carrière en 2002 et jusqu'à récemment, Sandrine a dû jongler entre sa famille, son travail et son entraînement. Il faudra une rencontre pour changer le cours de sa vie. Thierry Bouvard, directeur du sponsoring et du mécénat pour le Groupe BPCE, vient de faire une intervention lors d'un regroupement dans la région parisienne. Sandrine lui soumet alors son cas : celui d'une sportive multimédaillée aux niveaux européen, mondial ou des paralympiques qui a, malgré son palmarès, beaucoup de mal à se faire aider. Est-ce parce que sa discipline n'est pas la plus mise en valeur lors des grandes compétitions, que le judo n'est pas un sport « multimédaille » ? Est-ce parce qu'elle combat dans le domaine paralympique ou encore que Sandrine est une athlète « plutôt vieillissante » qui a en outre une carrière en parallèle ? Toujours est-il que Sandrine doit faire face à des montagnes de difficultés. Le cercle est vicieux. « Sans sponsor, je n'avais d'autre choix que de travailler pour vivre. Je ne pouvais pas m'arrêter pour un laps de temps afin de préparer les Jeux, sans quoi je me retrouvais sans ressources. »

En apportant à Sandrine une assurance financière, la Banque Populaire va révolutionner sa vie dès 2020. Le mécénat de la Banque lui permet de financer ce qui n'est pas pris en charge par la Fédération, à l'instar de ses formations. En lui assurant un revenu, il lui apporte sérénité et lui permet ainsi de pouvoir jongler entre ses différentes passions. Car Sandrine la judoka adore son métier de kinésithérapeute, le contact, le soin avec les patients. Ne pas perdre sa main lui est essentiel. Sans doute aurait-elle pu avoir une carrière encore plus époustouflante mais, à ses yeux, son équilibre est la chose la plus précieuse. La démarche intellectuelle de sa profession et le développement de sa main de kiné la passionnent : partir d'un patient, de sa globalité, analyser sa problématique, l'emmener dans le chemin de la rééducation, de la guérison, soulager ses douleurs… Son métier va lui manquer pendant les deux ans que va durer l'entraînement pour les Jeux de Paris 2024. Cependant, Sandrine reconnaît qu'il lui est très difficile de conjuguer son métier de kinésithérapeute et son activité de sportive de haut niveau à l'échelle internationale. L'exigence de suivi des patients est incompatible avec la pratique d'un sport de haut niveau. En effet, selon les pathologies, le praticien doit voir ses patients une à quatre fois par semaine pendant dix semaines minimum, ce qui ne peut aller de pair avec les entraînements au quotidien, sans compter les stages et les compétitions qui éloignent Sandrine de chez elle.

À l'aide apportée par la BPBFC vient s'ajouter la reconnaissance depuis plusieurs années d'un vrai statut de haut niveau pour les athlètes paralympiques. L'Agence nationale du sport octroie aujourd'hui des aides aux sportifs pour qu'ils puissent s'entraîner.

De mécène, la Banque Populaire Bourgogne Franche-Comté (BPBFC), *via* le pacte de performance, devient vite un partenaire. Certes, le monde de l'entreprise n'est pas son domaine de prédilection au départ, mais Sandrine Martinet est toujours partante pour les nouveaux défis. Ce qu'elle aime avant tout est l'humain, l'échange qui pousse les uns et les autres à donner le meilleur d'eux-mêmes. Originellement, ses missions sont de sensibiliser sur le handicap et d'offrir à la Banque Populaire l'opportunité d'accompagner un sportif dans son parcours : insuffler de l'inspiration à l'entreprise et à ses collaborateurs, donner de l'espoir et rappeler que quelles que soient les difficultés que l'on rencontre, il faut persévérer car tout est possible.

Au fur et à mesure des contacts, de cette mission de sensibilisation, un autre défi naît : celui de travailler sur les valeurs de la Banque Populaire et d'en devenir marraine. Sandrine aime les challenges et le sujet est évidemment difficile pour une banque. Les échanges se passent souvent sous forme de courtes vidéos avec le Directeur Général. Pour ce « projet valeurs », les collaborateurs doivent voter pour celles qu'ils souhaitent défendre, qui leur parlent, qu'ils ressentent dans leur quotidien. Le rôle de la championne paralympique est de leur donner envie de s'investir dans ce projet. « Ce sont les valeurs qui guident une existence, qui justifient que l'on prenne telle ou telle décision », insiste Sandrine. Comme un écho au code moral du judo, elle rappelle l'importance des valeurs humaines de respect, d'amitié, de contrôle de soi, mais aussi celles nécessaires pour atteindre les objectifs que l'on s'est fixés – l'adaptation, l'innovation, le dépassement de soi –, et enfin celles communes aux deux – la communication, la cohésion, le travail d'équipe, la bonne humeur. Les réussites et les médailles de Sandrine sont le fruit d'un effort collectif. Tous y participent : sa famille, ses amis, son entraîneur, son staff. « Même si c'est moi qui suis sur le tapis le jour J, un athlète n'est jamais seul devant un défi sportif, il est le maillon d'un groupe uni par les mêmes valeurs. »

L'objectif du projet est d'inspirer les collaborateurs, mais aussi les clients de la Banque Populaire.

Le Groupe BPCE – qui est aussi partenaire officiel des Jeux de 2024 à Paris – est, au niveau national, un des premiers mécènes des sportifs français. Selon ses propres termes, il est engagé auprès « de tous les passionnés, qu'ils soient amateurs, professionnels et même champions d'exception. Sur tous les terrains, il les soutient au quotidien et les accompagne dans leurs défis lors des grands rendez-vous ». Et grâce à la BPBFC, Sandrine est soutenue de façon pérenne. Elle vient ainsi de terminer une longue formation de thérapie manuelle du sport. Cela lui permet d'être en lien avec son métier lorsque son entraînement exige qu'elle fasse une pause tout en continuant d'avancer sur son projet professionnel.

Et quand on lui demande si sa vie de sportive ne serait pas plus simple ailleurs, Sandrine n'hésite pas longtemps. « Sportivement cela ne m'arrange pas bien sûr ! Cela m'oblige à me déplacer sur les sites de haut niveau, Lyon ou Paris dans mon cas principalement, mais ma qualité de vie est une chose précieuse et elle est ici bien supérieure ! Et puis être en région facilite la mise en valeur du sportif et améliore l'accessibilité. »

À titre d'exemple, le département de Saône-et-Loire, avec le Lions Club Mâcon Alphonse de..., l'a aidée à financer une salle de musculation à domicile. Sandrine doit ainsi continuer de se déplacer pour faire son judo mais peut se préparer physiquement chez elle, matin et soir, lui permettant ainsi d'être présente pour son fils et sa fille de 12 et 8 ans, qui trouvent la carrière sportive de leur mère bien encombrante parfois. Et pour que ses absences aient un sens pour ses proches, Sandrine met un point d'honneur à ramener des médailles à la maison. Partager sa fierté avec son mari et ses enfants est une nécessité. Et si elle a, pour sa part, le bonheur de rapporter des trophées, le point commun entre tous les sportifs, « l'autre médaille » immatérielle, comme Sandrine la surnomme, est la progression. « Même si l'objectif n'est pas là, tout ce que vous avez fait pour aller chercher l'objectif vous a enrichis, vous et votre entourage. »

Paris abritera en 2024 la prochaine édition des Jeux Olympiques et Paralympiques d'été. Sandrine a été choisie pour participer au conseil d'administration de Paris 2024. C'est pour elle l'occasion de mettre en avant la Bourgogne-Franche-Comté à travers le label « Terre de Jeux 2024 ». Celui-ci permet « à toutes les collectivités territoriales et aux acteurs du mouvement sportif qui partagent la conviction que le sport change les vies de bénéficier de cette énergie unique ». L'idée est d'attirer un maximum de champions en amont des Jeux olympiques pour qu'ils s'entraînent dans la région et apportent ainsi dynamisme et rayonnement au territoire.

De plus, *via* Paris 2024, un système s'est créé entre Pôle emploi et la Fédération d'athlétisme. Les entraîneurs de club ont en effet proposé d'organiser une journée afin de réunir employeurs et demandeurs d'emploi en cassant les codes. Au programme : du sport le matin sans que quiconque connaisse l'identité des participants. L'objectif est de permettre à ces femmes et hommes de mettre en avant des qualités qu'ils n'arriveraient pas nécessairement à valoriser dans le cadre d'un entretien classique. S'ensuivent un déjeuner, la révélation de l'identité des employeurs, puis des « speed datings ». Sandrine ne cesse de brandir cette vérité comme un étendard : le sport est une des meilleures façons de prendre confiance en soi, une confiance indispensable à une vie réussie. Il offre aussi la possibilité de se confronter à ses propres limites et de les dépasser, de se mettre en situation pour être de plus en plus performant et d'être fier de soi.

Elle raconte en riant : « J'étais incapable de prendre la parole quand j'étais à l'école, je pleurais, pas un mot ne sortait de ma bouche. » Depuis des années, Sandrine assure des conférences où elle conte son parcours, partage son expérience, donne de l'espoir, sensibilise les gens sur les thèmes de la performance en général, du sport féminin et du parasport en particulier.

Lorsque Paris remporte l'organisation des Jeux 2024, elle est sélectionnée, avec d'autres athlètes, pour dire quelques mots lors d'une cérémonie à l'Élysée. Devant six cents personnes issues du monde du sport, des partenaires, de la sphère politique dont trois présidents de la République française, Sandrine témoigne de ce moment magique où elle retrouve sa famille au lendemain de sa victoire à Rio. Forte de son parcours et de son envie de partage, Sandrine sait vaincre sa timidité. « Le sport m'a permis de transmettre quelque chose aux autres. Même si mon discours ne convainc qu'une seule personne et que les autres le trouvent ridicule, mon objectif est atteint. »

Sandrine Martinet

La résilience est son arme de vie. Elle donne cet exemple de première fracture à la cheville lors des JO de Londres en 2012 alors qu'elle va chercher la médaille d'or. Même si sa combativité la force à mener le combat jusqu'au bout, Sandrine le sait, la blessure est grave. Elle rentre bredouille, s'isole alors avec son enfant de 3 ans, fait une dépression. En raison de complications, sa guérison prend plus de huit mois. Et puis, un jour, sa fille naît. Sandrine remonte sur le tapis, se bat pour revenir et, lorsque le scénario catastrophe se répète avant Rio, elle se met immédiatement en mode combattante.

De manière générale, Sandrine aime cette idée d'essayer autre chose, de se tromper parfois, de trouver ce qui convient à chacun. «Que ce soit l'hypnose, le yoga, la méditation, les régimes, l'équilibre alimentaire, peu importe, la seule chose qui compte est de trouver ce qui nous convient, à nous et à nous seuls.» Elle déteste les généralités, les recettes toutes faites, aime que l'on aborde chaque personne comme un être unique.

Sandrine Martinet n'oublie pas d'où elle vient, pourtant sa vie est ici, dans ce territoire de Bourgogne-Franche-Comté qui l'a adoptée et vu grandir ses enfants. Elle espère un jour, une fois le kimono raccroché, ouvrir son cabinet... Son destin est une démonstration de courage, une leçon d'humilité, une soif d'apprendre sans cesse renouvelée.

Elle est de ces êtres inspirants qui donnent la force de se relever après une épreuve, et de tenter l'impossible pour réaliser ses rêves.

SON LIEU DE PRÉDILECTION
Le club d'aviron de Mâcon sur la Saône

Ce lieu est pour Sandrine Martinet celui d'une histoire humaine et sportive, une illustration de ce que peut apporter la mutualisation des moyens.

Après avoir mis entre parenthèses sa carrière sportive, Sandrine Martinet décide de se rengager pour les Jeux olympiques de Tokyo. Avant de pouvoir remonter sur le tatami, Sandrine doit suivre une préparation physique pour redevenir une athlète de haut niveau. Elle noue alors un partenariat avec le club d'aviron – les Régates mâconnaises –, commence à s'entraîner dans leur salle de musculation, puis sur un bateau.

Pouvoir redémarrer avec un autre sport a été pour Sandrine une véritable chance. Une fois encore, elle a su s'éloigner de sa zone de confort pour aller s'enrichir d'autres expériences et en sortir plus forte.

Sandrine est toujours licenciée de ce club et y a noué de nouvelles amitiés. Quand elle cherche l'inspiration, ses pas la mènent souvent vers ce ponton de bois planté dans la Saône...

Vue de Mâcon depuis la Saône

Philippe Girod,
Président de Gouverneur Audigier.

3.

Du clou naquit la lunette

Des lunettes colorées plantées sur le nez d'une ministre de la République française, rondes sur celui de musiciens ultrabranchés, d'un écrivain célèbre, de stars de la chanson française et de cinéma, d'une icône de la cause environnementale, d'une journaliste allemande très respectée, le lunetier français Gouverneur Audigier, avec ses cent quarante-quatre ans d'existence, a le vent en poupe. Une fierté pour Philippe Girod qui l'a corepris en 2014.

« Du clou naquit la lunette. Quelqu'un quelque part a enroulé un clou puis logé un verre dedans, et les premières montures sont nées de cette légende morézienne », nous dit l'histoire.

C'est dans le Haut-Jura, berceau de l'entreprise, qu'aurait été découverte la lunette, dans ce pays de montagnes aux hivers jadis très rudes, dont la population était composée d'agriculteurs, de paysans. Pendant l'hiver, les bêtes étaient rentrées à la ferme, il fallait trouver une activité pour occuper les hommes durant de longs mois, où les composants seraient aisément transportables. Les Moréziens ont élu trois spécialités répondant à ces exigences : la lunetterie, l'horlogerie et ses pièces mécaniques sophistiquées, l'émaillerie. La région était devenue un bassin industriel saisonnier.

À la fin du XIXᵉ siècle, Clément Gouverneur fabrique des branches, les propose aux lunetiers. En 1878, fort de son sens de la mécanique, et sentant qu'il est parfaitement capable de travailler pour lui et de réaliser des montures complètes, il décide de fonder sa propre entreprise : Gouverneur Audigier. L'activité n'a jamais cessé depuis, et ce sont cent cinquante ans d'histoire que la maison, gardienne d'un unique savoir-faire français, revendique.

Les lunetiers partagent un leitmotiv : la lunette est un éternel recommencement, les formes disparaissent pour réapparaître, certaines sont intemporelles, d'autres semblent plus modernes. Pourtant, Philippe Girod assure que, s'il regarde dans son historique de forme, il trouvera sans nul doute des modèles similaires. « Même des marques qui se revendiquent ultramodernes n'ont souvent rien inventé, je retrouve les modèles dans mes cahiers historiques de 1970-1980. » Les lunetiers d'aujourd'hui ont parfois des idées folles, extravagantes, mais les bases de design préexistent et les contraintes liées à l'utilité de l'objet – être confortables, esthétiques, élégantes – limitent le champ des possibles.

« Et si l'on parle d'innovation, elle est un devoir de l'artisan ou de l'industriel. Sans innovation, je pense qu'une entreprise, même avec un passé extraordinaire, est vouée à périr », affirme Philippe. Pour assurer l'avenir, il faut savoir faire preuve d'imagination. Le futur de la lunette n'est donc pas seulement dans des designs novateurs mais aussi et surtout dans l'offre de nouvelles fonctions. Il a aujourd'hui en tête de multiples projets, notamment des lunettes connectées pour les sportifs ou les financiers, avec affichage des cours de la Bourse. « La Google glass n'a pas bien fonctionné car une lunette qui vous sert de GPS est plutôt agaçante qu'utile. Et comme dans nombre de domaines, les lunettes sont elles aussi victimes de la frénésie technologique qui envahit le monde. Nous vivons une époque où les gens pensent technologie sans songer au besoin », regrette-t-il. Le domaine sportif est le plus friand de cette avancée : un skieur de descente est heureux de connaître sa vitesse et en ressort stimulé, un skieur de randonnée de connaître sa vitesse ascensionnelle, son rythme cardiaque. Quant aux cyclistes, ils ont en permanence besoin d'informations, ce qui est le cas durant le Tour de France où les sportifs suivent en continu leur condition physique.

Et l'innovation elle-même ne s'arrête pas là car, si l'on pense qu'une paire de lunettes est la somme de deux verres, deux branches et d'un design, il n'en est rien. En effet, cet objet familier ne comporte pas moins d'une vingtaine de parties distinctes, des plus visibles aux plus cachées. À titre d'exemple, les lunetiers s'orientent de plus en plus vers des tenons « sans friction », vers des charnières où l'on éviterait que le métal ne frotte sur le métal. Le lunetier collabore avec un horloger suisse de la vallée de Joux afin de développer un tenon technologiquement avancé, s'apparentant au mécanisme d'horlogerie, avec la dimension de perfection que cela implique. Cette innovation est aujourd'hui en fabrication et fait l'objet de tests, Philippe Girod est un perfectionniste et certains détails ne lui conviennent pas encore techniquement. Ainsi, au-delà des formes, du design, de la technique, il y a aussi les ambitions plus ou moins réalisables, le rêve qui allierait le savoir-faire du passé et les possibilités du futur.

La maison Audigier est artisan-manufacturier et emploie des compagnons jurassiens où la culture de la lunette est forte, où les personnes ont compétences, savoir-faire et partagent enthousiasme et fierté.

Hélas, comme dans de nombreux domaines en France, la main-d'œuvre très qualifiée est de plus en plus rare et difficile à recruter, et c'est sans compter sur la concurrence suisse à une vingtaine de kilomètres. Son horlogerie de pointe joue comme un aimant sur les travailleurs de la région. Le syndicat professionnel soutient autant qu'il le peut la lunetterie artisanale comme industrielle, aide les entreprises locales à redonner de l'attractivité à cette activité traditionnelle séculaire en organisant des journées portes ouvertes. Mais ce qui fait la différence, selon Philippe Girod, est la bienveillance qu'un dirigeant témoigne à l'égard de son personnel qui est « beaucoup plus fondamentale pour une entreprise à taille humaine que n'importe quelle démarche RSE. Qu'un employé se sente bien, qu'il soit intégré, voilà la clef et cela veut dire par exemple partager des succès avec eux... des choses très naturelles somme toute ». Il est de ces patrons qui mettent un point d'honneur à connaître la vie de leurs salariés, philosophie qu'il pratiquait déjà lorsqu'il dirigeait une structure de cent vingt personnes. Ne jamais perdre le contact est, à ses yeux, essentiel.

Bien sûr, le profil des employés évolue avec les nouvelles technologies : à titre d'exemple, la soudure, autrefois très artisanale, est aujourd'hui transformée : d'un simple apport de fils fendus, le procédé se fait aujourd'hui en haute ou basse fréquence selon les besoins. On obtient dès lors des soudures beaucoup plus précises et solides que par le passé et la main-d'œuvre doit s'adapter. Les évolutions technologiques ont aussi touché le marquage – celui-ci est là pour vous assurer que vos lunettes répondent à un certain nombre de normes et d'exigences de protection et de filtres – qui utilise de nos jours le laser fibré ou autres technologies de laser très évoluées pouvant dépigmenter la matière. Grâce notamment au soutien de la Banque Populaire Bourgogne Franche-Comté (BPBFC) et à l'arrivée d'équipements financés par l'établissement mutualiste, les possibilités technologiques se sont ainsi multipliées chez Gouverneur Audigier.

La formation des compagnons est en perpétuelle évolution, la maison a toujours misé sur les multicompétences. Les artisans doivent accomplir des tâches jusqu'alors inconnues, la polyvalence est une priorité pour ce dirigeant qui s'applique cette règle à lui-même. Lorsqu'il reprend la marque en 2014, il vient du monde de la métallurgie. Amoureux du métal sous toutes ses formes, liquide comme solide, il a aussi travaillé dans la fonderie. Son arrivée dans la lunetterie métal l'oblige à côtoyer d'autres types d'alliages dont il connaît les notions techniques de résilience, de souplesse, de mémoire de forme, etc. Il lui faut alors les mettre en musique, les tordre, c'est un métier de torsion, on part d'un fil pour faire une lunette.

Pour apprendre, Philippe regarde les anciens. Selon lui, faire preuve d'humilité est le meilleur moyen d'avancer, de progresser. « Ceux qui savent tout se trompent souvent. Le doute est un moteur, un grand avantage technique », ajoute-t-il. Tel un chercheur, Philippe avance, pas à pas, recule lorsque le doute s'impose, s'interroge continuellement, et c'est ainsi qu'il arrive à confirmer des solutions techniques parfois très corsées. Il lui arrive même parfois de contacter le commissariat à l'énergie atomique de Dijon ou de Grenoble, pour poser des questions très pointues, pour essayer d'avancer sur des problématiques complexes. « J'ai une solution mais n'y a-t-il pas mieux ? » Cette philosophie, cette valeur d'humilité qu'il met en œuvre dans son rapport aux autres et dans son activité professionnelle lui viennent aussi de son amour de l'alpinisme. Philippe ressent depuis toujours une immense fascination pour la face nord de l'Eiger, l'une des trois grandes faces nord des Alpes, aux côtés de celles du Cervin et des Grandes Jorasses, la plus mortelle des Alpes, et un mythe pour des générations d'alpinistes. Devant ce lieu resté très sauvage, Philippe Girod ressent des émotions fortes, de celles que procurent les endroits les plus magnifiques du monde. Chaque année, il y fait un pèlerinage, part gravir des montagnes voisines.

Comme nombre d'entrepreneurs, eu égard aux écarts entre les coûts de la main-d'œuvre en France et ceux pratiqués dans d'autres pays, celui-ci a envisagé une possible délocalisation, mais il le revendique haut et fort, ce ne serait pas un choix pour lui. «Le monde d'aujourd'hui est en perpétuelle mutation et les entreprises qui produisent uniquement en Chine par exemple doivent commencer à prendre peur. Je vous invite à lire le discours du 100e anniversaire du Parti communiste, cela n'augure rien de bon pour les investissements étrangers.» Cet exemple chinois illustre le gouffre qui existe entre une production de qualité à la française et ce que peuvent proposer d'autres puissances mondiales aux atouts indiscutables en termes économiques: réactivité et quantité rehaussées d'une légère amélioration de la qualité. Mais la qualité que ces nouveaux acteurs proposent reste très éloignée de nos critères européens. À l'inverse, les problèmes qu'ils rencontrent croissent: les coûts augmentent, le port de Shangaï, à titre d'exemple, est resté bloqué pendant plusieurs mois, la politique chinoise se durcit, produire en Asie devient souvent géopolitiquement compliqué. Et des lunetiers qui importaient depuis cette région commencent à relocaliser en France. Partis à une époque où ils n'avaient guère le choix s'ils voulaient proposer des prix en adéquation avec la démocratisation de la lunette et ainsi survivre, ils reviennent parfois en Bourgogne-Franche-Comté, aidés par l'État.

Chez Gouverneur Audigier, fabriquer français est une philosophie. Leur lunette « la moins française » l'est à 94 %, composants, matières premières et main-d'œuvre compris. Les six autres pour cent sont européens. Aucune pièce ne prend l'avion ni le bateau, et si l'entreprise ne trouve pas son bonheur dans l'Hexagone, c'est en Allemagne ou en Italie qu'elle va aller chercher ce dont elle a besoin, et la transformation aura lieu en France. « Même nos vis sont françaises ! »

Gouverneur Audigier est bien plus que « Made in France », label qui n'exige que deux critères : que le produit tire une part significative de sa valeur d'une ou plusieurs étapes de fabrication localisées en France et qu'il ait subi sa dernière transformation substantielle en France ; bien plus aussi qu'« Origine France Garantie » ! La certification qu'ils revendiquent est en effet celle d'EPV – Entreprise du patrimoine vivant – qui implique une transmission du savoir-faire, de l'innovation, le maintien de compétences patrimoniales. C'est un label d'État qui reconnaît les entreprises historiques dont la vocation est de préserver et transmettre ce patrimoine aux futures générations.

Dans cette dynamique, Gouverneur Audigier a tissé des relations étroites avec le lycée Victor-Bérard à Morez, lui-même labellisé « Lycée des métiers de l'optique et des microtechniques », où étudient huit cent cinquante jeunes. Philippe Girod y assure des interventions, travaille avec les étudiants sur un logiciel de dessin tridimensionnel pour qu'ils puissent utiliser les dernières technologies à disposition et ne se cantonnent pas aux dessins en 2D, « la préhistoire », comme il la qualifie. Il assure aussi des sessions d'entraînement aux entretiens, participe à un événement où les entreprises locales vont exposer leur activité aux futurs opticiens, prend des stagiaires en mécanique de précision et les forme aux particularités de la maison Gouverneur Audigier.

Et tout cela contribue au dynamisme de la région qui a son propre label : le « Made in Jura ». Celui-ci, né il y a une dizaine d'années, ne cesse de prendre de l'essor, que ce soit chez les industriels ou les artisans. Gouverneur Audigier fait appel à des sous-traitants locaux, tels Applications lunetières, pour le cerclage des lunettes, ou encore Traitement de surface morézien (TSM) qui s'occupe de la galvanisation ou du plaquage or ou platine. Entre ces sociétés jurassiennes, la fidélité est non seulement un grand avantage commercial, mais aussi et surtout une valeur forte.

Quand Philippe Girod reprend Gouverneur Audigier, il n'y a pas de marque, seulement des modèles de lunettes : la Balthazar, la Zinzin, etc. Passionné de sémiotique, convaincu que l'identité d'une marque est primordiale en matière de communication, il la construit : ce sera d'abord GOUV/AU mode, jeune, colorée, puis Gouverneur, une marque premium/luxe. « Le consommateur cherche une authenticité, une histoire, du sens, pour cela il faut que le produit ait une identité forte. » Il a aussi imaginé une collection capsule luxe en collaboration avec Bérengère Evain, « meilleure ouvrière de France », avec des plaquages or ou platine, un poinçon de maître, des inserts de corne, de bois précieux, de nacre.

Forte de sa notoriété naturelle, la maison Gouverneur Audigier et ses marques sont aujourd'hui exportées aux quatre coins de la planète grâce notamment à un réseau d'agents commerciaux qui les représentent auprès des opticiens. Leurs trente mille références par marque sont aussi « fabricables » virtuellement grâce à un logiciel convivial et très visuel où les opticiens peuvent choisir chaque détail de la paire souhaitée, couleur, taille, type de branches, et commander en direct... Les salons internationaux sont aussi autant d'occasions de se faire connaître des revendeurs étrangers.

Lorsque Philippe Girod voit une boîte soigneusement enveloppée, sur laquelle est inscrite une adresse à Tel-Aviv, Tokyo, Taipei, Séoul, Singapour, Bombay, Jakarta, Dubaï, mais aussi New York, Miami, Los Angeles, Key West, ou Rio, il en a « la chair de poule ». Bien entendu, la maison vend aussi en Europe : Italie, Espagne, Portugal, Suisse, mais aussi la Hollande, pays avant-gardiste s'il en est. Il ressent joie et fierté lorsqu'il croise dans les rues d'Amsterdam des passants arborant une paire de lunettes Gouverneur.

Quand on lui demande comment expliquer ce succès, il répond sans hésiter : « le côté classique et intemporel associé à un grand confort et de la légèreté, nos lunettes sont des produits bien faits que l'on adopte une fois essayés». Il reçoit parfois des courriers de remerciements de clients, des lettres spontanées où ces derniers vont exprimer leur enthousiasme et leur satisfaction... la rançon du succès pour cette entreprise qui a fait de la qualité son ADN.

Mais une réussite ne se fait pas seul. Philippe Girod a pu compter sur la Banque Populaire pour le développement de l'entreprise, et ce, dès son arrivée. Avec elle, cela a été une histoire d'hommes et de femmes. «C'est une banque qui privilégie le dialogue, la compréhension du client, qu'il soit artisan ou industriel. Et quand elle propose des produits bancaires, elle le fait en essayant de toujours accompagner et de comprendre les problématiques d'un chef d'entreprise, quelles qu'elles soient.» À l'opposé de nombre de banques considérées comme des «ennemies» par les entrepreneurs, la Banque Populaire Bourgogne Franche-Comté a été un véritable pilier, un soutien indéfectible.

À titre d'exemple, peu de temps après l'arrivée de Philippe Girod aux manettes de Gouverneur Audigier, un marché en Chine tourne mal malgré les précautions prises par le dirigeant. La Chine cherche alors à implanter 500 magasins d'optique de luxe et un Américain a été désigné pour choisir les marques: Gouverneur Audigier fait partie des 35 marques sélectionnées sur plus de 3 500 en raison de son histoire, son identité. Lorsque le scenario s'obscurcit, la BPBFC est là, réactive, et soutient autant que possible la maison française.

Les relations entre le chef d'entreprise et la BPBFC sont excellentes depuis le début, quel que soit l'interlocuteur. Il est accompagné au quotidien dans ses relations clients, ses problématiques de flux, et se sent entouré, compris, épaulé.

La reconnaissance, Gouverneur Audigier ne la reçoit pas exclusivement de ses clients. En 2021, la maison a en effet été lauréate du prix Stars & Métiers (Grands Prix de l'artisanat), dans la catégorie exportation, avant de rejoindre le jury en 2022. « Toute reconnaissance quelle qu'elle soit est commercialement bénéfique... et la fierté d'avoir reçu un prix est immense ! » En 2022, l'entreprise est également nominée aux Talents du luxe et de la création, un accomplissement. Philippe Girod le rappelle toujours, ce succès est le fruit d'un travail collectif, l'œuvre de tous les collaborateurs.

De Singapour et Jakarta au Haut-Jura, tout au long de sa carrière, Philippe Girod a connu différentes cultures, de multiples professions. *Shipping, trading* sur les marchés à terme – les plus volatiles au monde –, services aux banques en Asie, avant de revenir aux sources, en France, et de reprendre l'entreprise familiale dans la métallurgie, son parcours lui a ouvert l'esprit, l'a poussé à se former sans cesse, se dépasser et douter, toujours.

Son savoir-faire, sa richesse, il les dédie à son ultime passion : la lunette et le Haut-Jura qui a vu ses rêves se réaliser. Et si on lui demande sur quel nez il aimerait voir les modèles de Gouverneur Audigier, il répond sans hésiter, non sans humour : « Tous bien sûr ! Mais surtout ceux des politiques qui vantent la fabrication française dans les paroles mais pas dans les actes… » À bon entendeur…

SON LIEU DE PRÉDILECTION
Le musée de la lunette à Morez

Le musée de la lunette à Morez, où l'on peut découvrir comment les Haut-Jurassiens ont utilisé ingéniosité et savoir-faire pour développer ce qui est devenu une véritable filière industrielle à la notoriété mondiale. On y trouve l'une des plus extraordinaires collections de lunettes – Essilor-Pierre Marly – et ses deux mille cinq cents objets, le plus ancien datant du XIIIe siècle.
« C'est un endroit extraordinaire quand on aime son métier. Il est un reflet incroyable de l'histoire de cet objet. Il retrace son passé, tout ce qui a pu être réalisé par les anciens. Il abrite des joyaux, des merveilles, quand on aime la lunette, c'est un lieu incontournable », clame Philippe Girod qui y cherche souvent l'inspiration, s'y ressource en énergie, « celle des anciens, des passionnés et professionnels du passé, un égrégore[1] ».

[1] Esprit de groupe, entité proche de l'ange ou de l'inconscient collectif selon le cas.

Le musée de la lunette à Morez

Martine Delbos,
Directrice Générale des Pépinières Guillaume.

4.
In vino veritas

Fin du XIXe siècle. Arrivé d'Amérique du Nord par l'importation de cépages à la fin des années 1860, le phylloxéra, un parasite de la vigne, touche la plupart des vignobles français. La Franche-Comté et ses voisins doivent reconstituer leur vignoble décimé par l'épidémie.

En 1895, Albert Guillaume commence à greffer la vigne sur les sols d'argile rouge de Charcenne, dans le département de la Haute-Saône, et crée ce qui est toujours, plus d'un siècle et demi plus tard, l'une des plus importantes pépinières viticoles au monde. Il obtient le premier diplôme régional de greffage de plants de vigne, qui se trouve encore aujourd'hui accroché au mur de l'entreprise.

Tout au long du XXe siècle, les Pépinières Guillaume se développent. Les guerres mondiales qui se succèdent imposent à l'entreprise de se replier sur elle-même pour survivre. Les bras manquent, les hommes sont au front, les femmes travaillent à l'arrière pour faire vivre les familles. Malgré les difficultés, forte de sa gestion conservatrice, et de cette nature qui prend son temps – les plants de vigne ont une durée de vie très longue –, la famille Guillaume résiste.

Vers la moitié du XXe siècle, Henri Guillaume reprend le flambeau et participe activement à la reconstitution des vignobles bourguignons et champenois. Aujourd'hui, la troisième génération est aux commandes de l'entreprise qui commercialise entre douze et quinze millions de plants par an et qui propose entre mille cinq cent et deux mille combinaisons suivant le type de vin souhaité et la nature du sol. « Les Pépinières Guillaume sont spécialisées dans le cépage magnifique qu'est le pinot noir qui fait un vin unique et que le terroir bourguignon exprime magnifiquement », précise, inspirée, Martine Delbos. Après avoir travaillé avec ses parents, elle est depuis plusieurs décennies à la tête de tout ce qui est administratif, ressources humaines, banque, aux côtés de son frère Pierre-Marie Guillaume, qui assure la partie commerciale, et de son mari Christophe Delbos, responsable de la production. Cela fait plus de trente ans qu'ils développent ensemble les Pépinières, leur donnant une dimension internationale, privilégiant la recherche et la sélection génétique – la base d'une viticulture de qualité –, partageant points de vue et orientations stratégiques avec un plaisir sans cesse renouvelé.

L'avenir est assuré : la quatrième génération est en selle avec les neveu et fils de Martine. À l'image de leurs parents et aïeux, ils ont la passion de la vigne et de leur métier. Ils sont formés pour assurer la pérennité de cette maison séculaire. « Les patrons doivent être à la hauteur, se montrer vertueux. Leur légitimité doit être claire. Notre famille est ancrée dans cette terre, cette région, depuis des siècles. On a retrouvé des traces des Guillaume en 1732. Nous sommes fiers de notre attachement à ce terroir et de contribuer, à notre manière, à son rayonnement », affirme Martine.

Pour consolider les fondations de leur réussite, ils ont pu compter sur leurs équipes, leurs collaborateurs, des personnes engagées, de confiance. Martine raconte : « La crise du Covid-19 et le confinement ont été un véritable défi. Les Pépinières suivent le rythme de la terre, et ce que l'on ne fait pas en mars, on ne peut le faire à un autre moment de l'année. Le personnel a été formidable. Tout ce que l'on pouvait entendre dans les médias était très anxiogène. Ils ont surmonté leur peur qui était vive à ce moment de l'épidémie et sont venus travailler. » En effet, les employés comprennent que l'enjeu est non seulement humain, mais aussi entrepreneurial – s'ils ne viennent pas travailler au printemps 2020, ils n'auront probablement pas de travail l'année suivante car la nature n'attend pas. Prélèvements, préparations, expéditions, ils s'adonnent à toutes leurs missions avec dévouement. Martine se souvient d'avoir fait le tour des ateliers et d'avoir ressenti soulagement et immense émotion lorsqu'elle a demandé à ses employés s'ils pouvaient continuer de venir et qu'ils ont tous répondu : « Je demanderai à mon mari de garder mes enfants», «Et moi, à ma petite sœur», etc. Cette attitude remarquable est sans doute le fruit de leur confiance dans leurs dirigeants, très impliqués au quotidien. Proximité, fidélité, telles sont les valeurs de management des Pépinières Guillaume, en est témoin le personnel saisonnier qui revient depuis vingt ans. «Nos pépinières, c'est une charge mais surtout une grande fierté.»

Quand on lui parle de recrutement, Martine Delbos répond qu'il est naturellement local car la région est peu attractive pour les employés du reste de la France. Peu peuplée, il y est difficile pour un conjoint de trouver un travail, même si, fort de son histoire, de sa culture, de ses traditions, le secteur viticole a une belle image et reste attirant, en particulier pour les gens qui montrent de l'intérêt pour le végétal, le vivant. Pour séduire, entre autres profils, les ingénieurs en recherche et développement, de plus en plus nécessaires en des temps où l'innovation est chose essentielle, les Pépinières Guillaume proposent de bonnes conditions de travail et s'emploient à mettre en avant les avantages de leur région de cœur: «On peut trouver de belles maisons en pierre avec des plafonds voûtés pour le prix d'un minuscule studio parisien...» Martine le sait, le côté entreprise familiale à l'écoute de ses employés, et où il y a peu de hiérarchie, est un atout majeur.

Les Pépinières Guillaume ont déjà de longs chapitres d'histoire écrits sous le ciel de la Franche-Comté, mais c'est à l'international qu'elles se sont développées plus récemment sous l'impulsion de la troisième génération. L'entreprise avait originellement une vocation régionale, les clients se trouvaient en Bourgogne, en Champagne, en Alsace. Étudier la vigne dans de nombreuses régions du monde, dans ses expressions les plus diverses, afin d'accroître sans cesse son expérience et sélectionner les meilleurs plants, telle est leur stratégie gagnante. Cette ouverture leur a permis de fournir des plants de haute qualité à nombre de régions et de proposer leurs services aux plus prestigieux domaines viticoles de la planète, comme Moët & Chandon en Champagne, le domaine de la Romanée-Conti, la maison Antinori en Italie, Château Margaux... Cette clientèle renommée est le résultat de l'excellente réputation des Pépinières Guillaume. « Nous ne sommes pas des faiseurs de volume, nous sommes des faiseurs de qualité. »

L'entreprise s'est implantée au Chili, en Argentine et en Californie, des pays fermés à l'importation de plants. Si les pépiniéristes veulent vendre là-bas, ils n'ont d'autre choix que de produire sur place. Depuis dix ans, les pays se protègent de plus en plus, les normes sur les produits vivants ferment progressivement les frontières, et c'est sans compter les complications liées à l'exportation en général. Des pays comme la Chine ont frappé à la porte des Guillaume mais ils ont préféré décliner tant l'empire du Milieu est connu pour ses talents de copieur, que le climat n'est pas exceptionnel et qu'il n'a aucune maturité en matière viticole.

Pour toutes ces raisons, la stratégie de développement international de la maison Guillaume est en pause. Et la communication sur le sujet a toujours été discrète, cette conquête de nouveaux territoires a souvent été mal vécue par les clients qui craignent que des secrets ne soient divulgués à l'étranger, que les Pépinières n'envoient des variétés françaises à l'autre bout du monde. « L'approche est en fait diamétralement opposée, on a plutôt tendance à tirer des enseignements de l'étranger. À titre d'exemple, la Sicile est pour nous très intéressante puisqu'ils sont habitués à gérer de la viticulture sans eau... », affirme Martine Delbos.

Vaste sujet. En effet, la problématique du réchauffement climatique est sans doute à ce jour le plus grand des défis. Année après année, le secteur ne peut que constater la multiplication des périodes de sécheresse et leur impact sur la viticulture, la précocité de plus en plus préoccupante des vendanges. Chez les Guillaume, on essaie, on teste, on innove, pour préparer l'avenir. Ce challenge est en effet essentiel pour leurs clients qui sont en attente d'informations, et de solutions, pour assurer leur futur. Ces cinq dernières années, les Pépinières Guillaume se sont orientées vers une viticulture durable. Plusieurs ingénieurs consacrent leur temps à étudier la capacité d'adaptation de la vigne dans ses terroirs de prédilection mais aussi dans des terrains inconnus. Aux côtés du laboratoire, une serre a été installée. Les greffons s'y épanouissent de manière accélérée afin de faire des tests sur leur pousse. Les efforts de sélection génétique sont évidemment concentrés sur la résistance des plants à la chaleur et à la sécheresse. Martine rappelle : « En viticulture, dix ans, c'est très court et même si nous sommes clairement à un tournant de son histoire, nous manquons de visibilité. »

Le tournant n'est pas uniquement climatique mais aussi culturel. L'offensive contre l'alcool est en effet lancée depuis des années par les autorités de santé nationales. Force est aussi de constater que la jeunesse 2.0 boit moins de vin. Ces nouvelles habitudes de consommation font partie intégrante de la stratégie des producteurs. Tout comme les tendances de vin sans alcool et la mouvance antiproduits phytosanitaires qui fait la part belle aux vins biologiques, biodynamiques et naturels dont la clientèle s'est beaucoup développée. « Certaines régions sont très bien placées pour faire du vin bio ou naturel, d'autres moins bien… C'est un défi pour ces dernières… toutes ces mouvances sont-elles un épiphénomène ? Là encore, nous n'avons pas suffisamment de recul… », précise Martine.

Lorsque l'on évoque la place de l'Europe dans l'avenir du secteur viticole, Martine rappelle que « la France cumule avec l'Italie et l'Espagne les premières places du podium. Nous avons des marchés forts, une tradition séculaire. Il ne faut pas s'endormir et penser que nous sommes l'alpha et l'oméga mais cela fait tant partie de notre culture que je ne vois pas très bien comment cela peut disparaître. Bien sûr, certains pays essaient de se développer et ce n'est pas forcément une mauvaise chose ».

Génération après génération, les Pépinières Guillaume riment avec amour du travail bien fait, écoute du client, expertise, innovation et transmission du savoir-faire familial. La viticulture est un monde de passionnés. Un monde d'hommes aussi. Martine se réjouit de voir nombre de jeunes femmes reprendre des domaines, notamment dans le Bordelais. « C'est un secteur qui a besoin de femmes, même la clientèle se féminise beaucoup. Nous avons les compétences et c'est la seule chose qui compte.» La satisfaction des clients reste bien évidemment la priorité. Lorsqu'un de leurs clients italiens dit à son frère «Tes plants de vigne, c'est ma meilleure parcelle, c'est là où je fais mon meilleur vin», toute la famille Guillaume ressent une immense fierté.

Mue par la curiosité de découvrir un autre métier, secteur, organisation et par son attachement à la Franche-Comté, Martine a accepté de devenir administratrice de la Banque Populaire Bourgogne Franche-Comté (BPBFC). C'est son unique mandat, son travail et sa vie de famille ne lui laissent guère de temps libre, et elle est femme à bien faire les choses. Cumuler des fonctions n'est pas dans son ADN. Ne pas disperser ses forces. Elle a donc accepté de jouer un rôle dans cet établissement qui apporte son soutien aux projets locaux et dont le personnel est souvent originaire de la région. Les banques régionales ont, par nature, vocation à investir dans le tissu économique du territoire, sont attentives à son rayonnement; les banques nationales ont d'autres priorités.

La BPBFC est en outre un partenaire bancaire historique des Pépinières Guillaume qu'elle a notamment soutenues dans le cadre de leur développement international. «Il y a trente ans, les petites entreprises locales qui faisaient de l'export, il y en avait peu... Les gens ne parlaient pas anglais. La Banque Populaire nous a apporté beaucoup», raconte Martine Delbos.

Au sein de la BPBFC, Martine est particulièrement impliquée dans le Prix Initiatives Associations qui vient récompenser les projets les plus créatifs, inspirants et efficaces, que ce soit dans le domaine du patrimoine, du sport, de la culture, de la solidarité, de l'éducation ou de l'environnement, et destinés à valoriser l'image de leurs régions. La motivation et la détermination de ces femmes et ces hommes qui mènent ces projets avec tant de passion l'impressionnent. « Les projets sont très variés. Ce sont autant de belles aventures humaines. Je me souviens de cette association qui avait réalisé une magnifique réplique de l'*Hermione*. Tous ces projets jouent un rôle majeur dans le dynamisme de notre territoire et cela me ravit. »

Martine Delbos est sans conteste une fervente ambassadrice de la Franche-Comté et de son attractivité. Que cette région continue à vivre, qu'elle ne soit pas seulement une réserve pour touristes du week-end, lui tient particulièrement à cœur. Il devient difficile d'habiter à la campagne. Elle se paupérise inéluctablement, les services y sont de plus en plus rares, qu'ils soient médicaux, scolaires, etc. Ses quatre enfants sont allés au lycée dans la petite ville à côté de chez eux... Serait-ce possible aujourd'hui ? La vie à la campagne est austère et demande de fortes ressources personnelles, notamment d'adaptabilité et de patience. Pourtant, ce mode de vie lui plaît profondément et Martine a bien l'intention de tout faire pour le préserver, qu'une vie quotidienne y soit possible, que des projets culturels continuent d'y naître. « Près de chez nous il y a peu d'industries, nous n'avons pas le soleil de la Provence, ou les châteaux de la Loire mais on a de très jolis villages, des paysages magnifiques, une nature préservée, des gens très attachants », conclut-elle. Une belle déclaration d'amour.

SON LIEU DE PRÉDILECTION

Une caborde en Haute-Saône

Symbole parfait de cette symbiose entre l'humain et le végétal, Martine Delbos a choisi un site inspirant, à quelques kilomètres de Charcenne : une caborde, ancienne cabane viticole en pierre sèche ou en planches, remise en état par des compagnons il y a cinq ans. C'était dans ce lieu que les viticulteurs laissaient outils et casse-croûte et qu'ils pouvaient trouver refuge. La vue sur les vignes et la plaine y est magnifique. Un endroit qu'affectionne tout particulièrement Martine lorsqu'elle est en quête de paix.

Une caborde en Haute-Saône

Antoine De Wilde,
Président de La French Run.

5.
Courir pour ses rêves

Running: anglicisme – nom masculin. Pratique régulière et intensive de la course à pied (*Le Petit Robert*). De Versailles à Nevers, des Yvelines où il naît en 1985 à la Bourgogne où il s'installe vers 12 ans à la suite du remariage de sa mère, d'une carrière d'athlète de haut niveau à celle d'un entrepreneur à succès, Antoine De Wilde est homme d'action.

Le *running*, il l'a découvert par hasard après s'être essayé à de nombreuses disciplines : du foot au tennis de table ou encore au karaté. « Un dimanche pour digérer le déjeuner, nous sommes allés marcher avec mes parents. Nous sommes tombés sur une course organisée à Nevers ce jour-là. J'avais

10 ou 12 ans. Je portais des chaussures bateau, un bermuda et un polo mais j'ai voulu participer et j'ai gagné dans ma catégorie ! Courir avec les copains était un jeu. Mes parents ont exposé ce trophée dans leur brasserie. Je me suis dit que j'allais continuer... », raconte Antoine.

Le Bourguignon de cœur et d'adoption n'a pas 20 ans lorsqu'il remporte le championnat de France junior de cross-country en 2004. S'ensuivent des sélections en équipe de France, des titres interrégionaux, et deux rencontres décisives : Régis Dumange, P-DG de la marque de prêt-à-porter Textilot, partenaire fidèle de sa carrière, et Philippe Rémond, champion de France de marathon (1994 et 2001), qui devient son mentor et lui transmet la passion du *running*.

En 2012, il crée l'association Running Prod' – un collectif d'amis passionnés par la discipline – qui développe et dynamise le *running* et le bien-être. À cette époque, lorsqu'il s'entraîne seul sur les bords de Loire, les *runners* sont rares. La course à pied a jusqu'alors un côté un brin « élitiste ». Chacun court dans son coin et personne ne songe à se mettre à la compétition ou à rejoindre un groupe. Le manque de connaissance ? La peur du ridicule ? Toujours est-il qu'Antoine a bien l'intention de promouvoir l'activité physique et le bien-être à Nevers par la pratique du *running*. Son approche : respecter le niveau de chacun, promouvoir le sport en douceur.

Il va alors créer des événements sportifs qui vont dynamiser cette pratique, la démocratiser. Ce sera en premier lieu La Bottine de Nevers, une course caritative contre le cancer du sein. En dix ans, plus de cent soixante mille euros ont été collectés pour la lutte contre le cancer dans le département.

En effet, pour Antoine, il est essentiel que les fruits de cet événement sportif profitent à la population locale. L'objectif: soutenir les personnes malades, les informer et accélérer le dépistage. Cette cause lui tient particulièrement à cœur: sa mère a eu trois cancers du sein dont elle a réchappé. En organisant cette course, Antoine De Wilde songe bien entendu aux malades mais aussi à la prévention des pathologies en général grâce à la pratique d'une activité physique. Dès les débuts, les femmes se montrent extrêmement solidaires. Elles se rencontrent, joggent ensemble, ce qui limite par ailleurs les risques que peut représenter la pratique solitaire de la course à pied. Des groupes se forment un peu partout dans la région et courent les soirs d'été, d'hiver. Le mouvement a des allures de vague rose. Les structures locales, les clubs prennent eux aussi le virage du *running*, la discipline a le vent en poupe. La crise sanitaire du Covid-19 renforce cette dynamique: de plus en plus de personnes courent autour de chez elles pour prendre l'air. La Bottine, qui se déroule aujourd'hui à trois endroits différents – Nevers, Cosne-Cours-sur-Loire et Decize en juin –, a fédéré des milliers de personnes et contribue ainsi à la dynamisation du territoire. En 2016, près de cinq mille personnes ont foulé le sol de Nevers, des baskets au pied, pour soutenir la Ligue contre le cancer... Les hommes ont rejoint le mouvement avec la moustache. Ces courses de 5 km pour les femmes, un peu plus pour les hommes, ces événements caritatifs, sociaux, intergénérationnels, interquartiers, interrégionaux sont autant d'atouts pour faire rayonner l'image de Nevers et de la Nièvre.

La Bottine s'exporte à Beaune en Côte-d'Or mais aussi à Marrakech au Maroc. Les organisatrices décident de courir au nom de la liberté, des droits de la femme, dans le cadre du 8 Mars. Peu importe la cause, elle mérite d'être défendue et la mobilisation est formidable. Mais c'est évidemment à Nevers, en son berceau, que La Bottine est la plus connue…

Les années passant, Antoine De Wilde décide d'apporter structure, cohérence et efficacité à ses activités. Passer du statut de sportif de haut niveau à celui d'entrepreneur est presque évident pour celui qui a toujours été dans l'action, la réalisation. Pendant de nombreuses années, son quotidien est rythmé par sa carrière d'athlète : entraînements matin et soir tous les jours de la semaine. Souvent 150 km par semaine. Les journées sont parfois longues. Les sportifs autour de lui se blessent, poussent leur corps trop loin, et certains se retrouvent du jour au lendemain sans rien. « Trouver quelque chose à faire n'est pas toujours simple mais ne savoir rien faire est encore plus difficile », explique Antoine. Son idée : se nourrir de l'environnement du *running* pour préparer son avenir. Au cours des stages, voyages, compétitions, Antoine acquiert de l'expérience et du savoir-faire qui lui seront utiles pour la prochaine étape de sa vie. Il organise une première course, puis une deuxième, prépare progressivement sa reconversion.

En 2019, il fonde la société et la marque La French Run qui organise les événements majeurs de la région, comme le marathon de Nevers ou La Look qui est un événement à vélo. Et à ce pan événementiel qui s'est professionnalisé il y a trois ans sont venues s'ajouter deux autres activités. Avec elles, les années d'Antoine sont parfaitement rythmées. La deuxième : le coaching sous l'appellation La French Run Académie. Dans une salle privée neversoise, dès cinq heures et demie du matin parfois, Antoine entraîne notamment des chefs d'entreprise locaux qui souhaitent perdre du poids, se remettre en forme ou préparer un marathon. Ils bénéficient d'un suivi ultrapersonnalisé, passent une batterie de tests afin d'étudier leur physiologie – taille, poids, répartition des muscles, etc. Tous les paramètres sont étudiés – dont la nutrition – pour les remettre en bonne santé. « Une meilleure santé, c'est un meilleur bien-être au quotidien et la clef d'une vie plus heureuse », rappelle Antoine.

Et finalement, le troisième volet : *La French Run Boutique*. Une boutique qui propose plusieurs marques, comme Oka, ou encore Weets, ainsi que celles développées par Antoine : La French Run, une gamme *running* et *lifestyle* qui comprend également des produits 100 % fabriqués en France et qui propose des prix pouvant convenir à tous les profils et rendant le *running* accessible. « Je viens d'une famille modeste. Ma mère ne pouvait m'acheter qu'une paire de chaussures de sport dans l'année. Elle me servait pour tout ! Je voulais donc permettre à n'importe qui de pouvoir s'équiper », raconte Antoine. L'autre gamme, plus sélective, est faite en France : des pulls en mérinos du Morbihan aux tee-shirts 100 % coton venus de la cité phocéenne et tee-shirts éthiques 100 % recyclés made in Lyon… Et Antoine ne s'arrête pas là. Dans sa volonté de proposer une boutique plus épurée, plus « pointue », aux côtés de la gamme *running*, il a décidé de vendre également des produits *lifestyle* pour habiller les *runners* dans la vie de tous les jours.

Tout est lié, parfaitement étudié. Antoine entraîne, il fait le « coach », emmène les personnes vers les événements qu'il organise, puis leur vend la tenue et l'équipement adéquats. Certains chefs d'entreprise sont même partenaires des courses !

Selon Antoine, l'entrepreneuriat est à l'image d'une carrière de sportif. « On commence petit, avec le temps, on façonne sa carrière comme un diamant brut, on se prend au jeu et à force de travail et d'ambition, on obtient des résultats. » Et s'il court aujourd'hui, c'est pour s'entretenir, non pour s'entraîner, et cela lui convient parfaitement. La pression n'existe plus, les objectifs ne sont pas les mêmes, quand bien même il continue de participer à des marathons. Le plaisir et l'envie sont désormais ses seuls moteurs pour concourir. De la nécessité et du devoir, le *running* est devenu une activité bien-être. Maintenant qu'il a d'autres horizons, d'autres cordes à son arc, le sport est un exutoire.

Quand on parle d'avenir, la vision d'Antoine est limpide : stabiliser sa structure qui vit sa troisième année en temps de Covid, continuer de fédérer l'équipe, fidéliser la clientèle. Entreprendre est devenu sa mission et le goût qu'il a pour ses activités est décuplé par le rayonnement qu'elles procurent à ce territoire qui « lui a tant donné ». Sa route est tracée, il compte bien la suivre avec ses détermination et enthousiasme naturels. Antoine est certes capitaine à bord mais il sait qu'il a besoin de ses équipes pour avancer. Qu'il doit toujours se remettre en question, apprendre de ses erreurs.

Des projets, Antoine De Wilde en a plein la tête. Un nouvel événement tout juste annoncé en octobre 2022 verra le jour en octobre 2023. Il reliera Pouilly à Sancerre. Cette course de 20 km entre deux villes connues dans le monde entier aura lieu après les vendanges, lorsque la vigne se teinte d'or, avec un verre de Pouilly blanc et de Sancerre rouge à l'arrivée ! Encore et toujours ce triptyque cher à Antoine : sport, plaisir et valorisation de sa région. Comme pour tous ses événements, il noue des partenariats avec les entreprises locales – automobiles, bancaires, équipementiers, etc. – ou des domaines viticoles et leur donne ainsi de la visibilité. « Je veux rendre ce que j'ai reçu pendant ma carrière. J'ai été aidé, soutenu, épaulé par des partenaires privés, par ma commune. Je suis passé de l'autre côté de la barrière. Contribuer à dynamiser ce territoire, créer de l'attractivité, faire en sorte que les gens puissent être fiers, c'est ma manière à moi de rendre ce qui m'a été donné », explique-t-il.

En effet, malgré sa réussite, Antoine n'a aucune intention de quitter Nevers et la Bourgogne. Lorsqu'il monte des boutiques éphémères à Paris ou encore à Lyon, c'est afin de faire connaître la marque, prendre la température d'un autre marché, d'une autre clientèle, étudier un mode différent de consommation, une autre culture. Développer une entreprise demande une capacité d'adaptation et les enseignements tirés de chaque nouvelle expérience sont essentiels pour pouvoir continuer de grandir.

S'épanouir, se développer en tant que société est mission impossible sans le soutien d'une banque. Alors aux prémices de sa vie d'entrepreneur, Antoine est mis en contact avec la

Banque Populaire Bourgogne Franche-Comté (BPBFC). Elle devient très vite sa seule banque, professionnelle comme privée. « Quand on entreprend, on entend souvent que la banque est l'ennemi mais une banque à nos côtés qui nous écoute et nous suit de près permet surtout de faciliter le développement », explique-t-il. La BPBFC connaît en effet l'ensemble de ses projets, activités et initiatives qu'il leur soumet inexorablement, comme c'est le cas pour le projet de course Pouilly-Sancerre. Au-delà d'un accompagnement bancaire classique, la BPBFC est partenaire des événements de La French Run, notamment du Nevers Marathon, et elle mobilise ses équipes pour qu'elles concourent. De son côté, Antoine essaie de motiver les collaborateurs, de les fédérer afin qu'ils s'impliquent dans des courses comme le marathon en relais. La French Run entretient des liens privilégiés avec la BPBFC et cela permet à l'établissement de mieux appréhender les activités d'Antoine. Lorsque ses dirigeants se mettent autour d'une table avec le chef d'entreprise, ils connaissent déjà le sujet, comprennent facilement les enjeux. C'est la force d'une banque régionale dont le directeur de département est un marathonien, ce qui rend les choses encore plus simples. Et par le plus grand des hasards, le directeur actuel d'agence était en classe avec Antoine quand ils étaient jeunes. Cette proximité est un atout indéniable des régions, loin de la vie bouillonnante et souvent anonyme des grandes métropoles. « Quand on est jeune chef d'entreprise, rien n'est facile. Il faut tenir la barre. La BPBFC m'a accompagné depuis le début. Des liens se sont créés. Quand ça fonctionne, tout le monde est content, quand ça fonctionne moins bien, on se serre les coudes. Oui, il s'agit de business, oui, mais c'est la dimension humaine qui donne du sens et c'est elle qui pour finir est la plus efficace», explique Antoine.

Le sport de haut niveau, né au XXe siècle, rime avec exploit et dépassement de soi. Son leitmotiv principal est de relever les défis, faire toujours mieux, aller au bout de ses propres possibilités. Les champions sont les héros de nos temps modernes, dans une société en quête de rêve et de modèles. Peu importe la météo, son état physique, l'athlète ne baisse pas les bras, se remobilise rapidement, est un optimiste naturel. Cette résilience imposée par ce statut est extrêmement utile dans la vie d'un entrepreneur. «Je vous donne l'exemple du marathon, une discipline que je connais bien: c'est une succession de temps forts et faibles. Il faut prendre sur soi, attendre le temps fort suivant. Un marathon est à l'image de la vie professionnelle et personnelle...», affirme Antoine.

Et quand il ne s'adonne pas à sa passion du sport et de l'entrepreneuriat, Antoine aime voyager. Se nourrir de ce qui l'entoure, qu'il s'agisse de culture, de gastronomie, ou encore de photographie. Immortaliser les environnements qu'il a eu la chance de découvrir tout au long de sa carrière. Il reste pourtant un solitaire dans l'âme, et c'est dans la nature éblouissante de sa Bourgogne d'adoption qu'il aime se ressourcer, son dalmatien de 8 ans nommé Junior à ses côtés ainsi que sa famille. Sa terre est son refuge, il y est profondément attaché et son avenir s'écrira sans nul doute en bord de Loire, à Nevers, ville d'art et d'histoire.

SON LIEU DE PRÉDILECTION

Le stade de Nevers

Le stade de Nevers – c'est pour Antoine un repère, il y a parcouru des milliers de tours de piste. C'est sur son terrain qu'il s'est entraîné sans relâche, a progressé physiquement pour atteindre ses objectifs sportifs. C'est là qu'il a façonné son corps et son moral d'acier. Ce lieu est un endroit empli de souvenirs, celui des premiers espoirs.
Plus généralement, un stade est toujours un lieu de repère pour Antoine, que ce soit à Nevers ou dans toute autre ville : il y retrouve avec plaisir ces lignes blanches bien nettes sur cette piste de 400 mètres. Il se sent en confiance et en maîtrise dans ce lieu rassurant qui lui est si familier.

Le Palais ducal de Nevers

Henri Jeannequin,
Directeur Général de Maison Marc.

6.
Une belle histoire française de cucurbitacées

Marc, Florent, Henri Jeannequin, ce sont trois générations d'hommes au caractère bien trempé, un siècle de tradition agricole, une exploitation agricole familiale dont les produits sont aujourd'hui exportés aux quatre coins du monde. Dans la famille, l'attachement à la terre est inné, le courage, une valeur forte. Dans les moments difficiles, on ne baisse jamais les bras. Avec le dernier-né, Henri, la noblesse paysanne va s'ancrer dans la modernité.

Henri est né sur les terres de sa famille, à Chemilly-sur-Yonne, en Bourgogne. Sa jeunesse, il la passe dans les champs aux côtés de son père. Il finit tôt ses études, à tout juste 20 ans. Henri comprend très vite qu'obéir, être sous les ordres d'un supérieur, est inconciliable avec son tempérament. En effet, non seulement il n'est pas homme à aimer recevoir des ordres, mais il a aussi une vision et compte lui donner vie. Il lui faut alors évaluer les opportunités. Ses réflexions le mènent rapidement à la conclusion suivante: il ne reprendra pas l'exploitation paternelle car cela signifie une fois encore travailler pour un tiers, coopérative ou industriel. Il a dans son for intérieur l'espoir de réussir, d'atteindre des objectifs qui n'existent que lorsque l'on travaille pour soi. Qu'à cela ne tienne, il réalisera ses rêves. Il se lance et choisit son cheval de bataille: ce sera la plus petite des cucurbitacées, le cornichon.

Au début du XXIe siècle, le cornichon est victime de la mondialisation, la guerre des prix fait rage, la qualité est souvent négligée au profit de l'accessibilité. En effet, les fabricants de cornichons ont fait une découverte qui va bouleverser leur activité. À l'autre bout du monde, l'Inde offre un climat unique qui permet de faire non une, mais trois récoltes par an, sans compter le prix très bas de la main-d'œuvre, le laxisme des réglementations sur les pesticides et les herbicides, et des coûts de production fortement réduits. Un eldorado pour les grandes conserveries qui partent alors s'installer en Asie. Cette ruée vers l'est contraint la plupart des producteurs français à abandonner la culture du cornichon. Sauf un. Florent, le père d'Henri, tel Astérix et son village d'irréductibles Gaulois, veut à tout prix sauver ce produit ô combien français qu'il cultive depuis 1975, époque où le condiment est en vogue. Vingt ans plus tard, armé de son courage et d'une détermination sans faille, il devient le dernier producteur. Ses cornichons, il les revend à des intermédiaires. Mais le travail est difficile, les aléas nombreux. Les produits se périment, il faut vendre le soir, les week-ends.

L'aventure de son fils Henri va alors commencer...

Le déclic vient notamment d'un documentaire télévisé de France 3 datant de 2012, intitulé *Carrément cornichon !*, dans lequel des journalistes partent enquêter sur les conditions des agriculteurs cultivant le cornichon en Inde, où les réglementations environnementales sont moins contraignantes. Le réalisateur Olivier Sarrazin, qui passe dans l'exploitation Jeannequin pour les besoins de son film, convainc Henri que l'écart de qualité de produit entre les cornichons indiens et les leurs est une véritable opportunité.

Henri décide de racheter une partie de la production paternelle, de la transformer avec des prestataires locaux, et de la commercialiser non dans sa région, mais dans les grandes villes. Il va les conditionner en bocaux. L'aventure débute comme une simple diversification, le premier chapitre de l'histoire de la future Maison Marc vient de s'écrire.

Accompagné de sa tante et de ses bocaux de cornichons, Henri gagne Paris. Ses produits dans son sac à dos, ils font ensemble le tour des épiceries, boucheries, et fromageries de la capitale. Henri a le sens du commerce, il a compris qu'il faut donner envie, faire rêver, et pour cela, quoi de mieux qu'une belle histoire à raconter. Une histoire française de surcroît. Les commerçants adhèrent, achètent quelques cartons pour essayer, se font les ambassadeurs de ses cucurbitacées. Seulement quelques semaines plus tard, les commandes gagnent en volume, les points de vente se multiplient.

Le « made in France » est alors à la mode et le cornichon 100 % français ne peut que satisfaire les nouveaux consommateurs, plus attentifs à l'origine et à la qualité des produits. Henri décide donc que les cornichons seront produits et conditionnés par leurs soins, sur le terrain de la maison de son grand-père. Nous sommes en 2015. La première conserverie d'Henri sort de terre. Il est jeune, a de l'énergie à revendre mais est bien conscient qu'un futur prospère et serein passe par une stratégie précise. Pour assurer la pérennité de son entreprise, il est convaincu qu'il lui faut une identité, une marque. « Mon père vendait de la salade et les clients achetaient parce que c'était lui. Ce temps-là est révolu. La marque a remplacé la personne. » Ce sera : la Maison Marc.

Le cornichon bas de gamme est produit à l'étranger, la Maison Marc va s'employer à le rendre sexy et prestigieux. Son univers sera le luxe, naturellement. En effet, le prix élevé de la main-d'œuvre en France associé à une production annuelle unique font du cornichon un produit rare, donc cher. Le positionnement haut de gamme s'impose s'il veut faire de la qualité. La communication suivra. La période est idéale. Dès 2008, les émissions culinaires envahissent les écrans, on ne compte plus les campagnes publicitaires qui vantent le local, le bio, le made in France. Luxe ou accessibilité, voilà les deux segments pour réussir ! Et si son entourage essaie de convaincre Henri qu'il perd son temps à se préoccuper ainsi de la communication et du développement et qu'il ferait bien de se cantonner à de la production-revente, Henri n'écoute guère. Son intuition est la bonne, il le sent, il le sait.

En ce début du XXIe siècle, l'autre grande priorité est celle de la protection de l'environnement. Là aussi, naturellement – bon sang ne saurait mentir –, Henri fait dans l'agriculture raisonnée, par amour de la terre bien entendu, mais aussi par nécessité car « le sol est comme un être humain, on peut lui faire faire des heures interminables, lui mettre la pression, à un moment donné, il va craquer ». La Maison Marc prend donc grand soin de son sol et, si sa production n'est pas bio, elle met un point d'honneur à traiter ses 20 ha avec tout le respect qu'ils méritent pour que la plante pousse correctement, que la fleur s'épanouisse, que le cornichon soit parfait. Aujourd'hui, l'ensemble de leurs fruits et légumes est produit sans herbicide, sans insecticide, et conditionné sans conservateur.

Sa stratégie s'inscrit dans le temps. La Maison Marc, ce sont des agriculteurs de cœur qui n'acceptent pas de vendre un produit de mauvaise qualité ; des artisans qui mettent un point d'honneur à adapter les machines aux produits, et non le contraire, comme le font les industriels, pour que leur produit soit irréprochable et croquant. La culture du cornichon est complexe, les quantités peuvent varier et la demande en main-d'œuvre est très importante. Il peut en effet doubler de volume en un jour : le cueillir au bon moment est la clef d'une récolte réussie ! Le travail est pénible. Des heures durant, le dos courbé, les travailleurs guettent le moment propice, celui de la perfection. L'humain est ainsi au cœur des valeurs de la Maison Marc.

En 2020, une décision va sceller le destin de la Maison Marc. Henri lance la construction d'une importante unité de transformation qui va lui permettre de créer des produits solides comme liquides – pâteux ou liquides – et ainsi d'augmenter l'éventail de ses gammes. Les temps ont changé depuis les débuts où tout se faisait à la main. Avec ce dernier investissement, l'entreprise est capable de disposer dans des pots cornichons, champignons, petits pois, cerises au vinaigre mais aussi soupes, tartinades salées ou bien sucrées. Des produits vinaigrés riches en probiotiques sont aussi prévus pour la rentrée, de quatre produits la gamme est passée à trente et un.

Son développement, Henri l'aborde avec la même sagesse qu'il soigne sa terre. Ses cibles : les épiceries fines, boucheries, fromageries, les ventes à la ferme, la restauration, les bateaux de croisière de luxe. Tous sont capables de raconter l'histoire du cornichon de la Maison Marc. Il privilégie les circuits courts, les revendeurs de qualité. L'excellence est son credo, Henri veut à tout prix éviter de travailler avec la grande distribution. « Ils ont cassé le monde agricole... en s'associant avec les industriels, on sait qu'il faut faire du volume, investir pour pouvoir fournir, récupérer les invendus, livrer deux heures avant l'ouverture. Les contraintes sont immenses, les marges minimes. » Le marché national étant déjà très développé, sa seule stratégie pour grandir est alors l'export. « Investir d'autres marchés, c'est repartir de zéro. On pose nos valises et on s'arme de courage... », rappelle Henri.

L'aventure internationale démarre naturellement, par le biais des réseaux sociaux. Les demandes spontanées se multiplient depuis le Royaume-Uni, l'Allemagne, le Canada. Henri recrute une collaboratrice dédiée. Les premiers temps, il ne force pas le développement de l'export, il sait bien qu'il ne peut répondre à la demande par manque d'infrastructure. Des années plus tard, alors équipé, sa conquête du monde sera mûrie et progressive. Il faut qu'il identifie les produits adaptés à l'exportation – en France, on mange les cornichons très vinaigrés, ce qui n'est pas le cas dans nombre de pays. Lui et son équipe s'appuient sur les reportages télévisés, la presse, tout ce qui évoque le cornichon à l'étranger, pour aborder les nouveaux marchés le plus intelligemment possible. Et pour vendre, ils s'appuient sur une arme redoutable : la caution des épiceries et tables hexagonales les plus raffinées : *La Grande Épicerie de Paris*, la *Maison Plisson*, les chefs Cyril Lignac, Thierry Marx ou encore celui du palais de l'Élysée, tous sont autant de gages de qualité.

Henri se souvient des premiers temps, des montagnes à déplacer, des défis immenses à relever : « Un entrepreneur démarre de zéro et, pour arriver au premier million, il n'a souvent que sa fourchette, son couteau et sa force de persuasion. » Une des clefs du succès est le pouvoir de conviction. Pour son développement, Henri a pu compter sur la Banque Populaire Bourgogne Franche-Comté (BPBFC). Tout est parti d'une rencontre. Il est terre à terre, est homme à choisir une personne, non une structure. Avec la directrice de la filiale locale de la BPBFC Florence Mosimann, les échanges sont tout de suite enthousiastes. Elle croit immédiatement en lui et en son dossier, à l'inverse de nombreux confrères. Depuis sa réussite, certains sont revenus le voir, il leur a opposé une fin de non-recevoir.

Convaincre la directrice de la banque est une étape nécessaire mais ce genre de dossiers doit ensuite passer en comité régional, voire national, plusieurs personnes doivent valider le projet. Florence inscrit Henri au prix de la dynamique agricole qu'il remporte, ce qui lui permet de rencontrer les hauts dirigeants de la BPBFC, de mieux faire passer son message et son dossier. Qui mieux que lui peut séduire ses interlocuteurs et leur démontrer qu'ils ne se fourvoient pas en misant sur ses chances de réussite ?

Aujourd'hui, la BPBFC continue de l'accompagner dans son développement, mais Henri le sait, il a fait le plus dur. L'investissement initial est la clef, on peut ensuite garantir le second sur le premier. À ce jour, ce sont plus de six millions d'euros qui ont été investis dans la Maison Marc.

L'entreprise a aussi reçu le soutien précieux de la BPI, la Banque publique d'investissement. Henri a en effet besoin de trésorerie pour acheter des matières premières, cartons, verrines, payer le personnel. En effet, entre la production et la vente, il s'écoule un an et demi environ… De son côté, la chambre de commerce et d'industrie aide la Maison Marc sous forme de missions : entretiens vidéo avec l'étranger, rencontre de distributeurs, liste de salons, remise de prix sur les stands.

Aujourd'hui, la Maison Marc a acquis une certaine maturité – « On sait ce qu'il faut faire et on a une infrastructure pour répondre à la demande », explique Henri. Les gammes ne cessent de s'enrichir, les produits sont déjà distribués dans trente-deux pays, entre autres les Royaume-Uni, Belgique, Luxembourg, Suisse, Danemark, Suède, Pays-Bas, Caraïbes & DOM, Canada, Hong Kong, Singapour, Corée du Sud, Émirats arabes unis... La Maison Marc tourne aujourd'hui son regard vers d'autres territoires, notamment le difficile marché américain et ses barrières administratives, ou encore Tahiti où la grande concentration d'expatriés rend le cornichon, aux côtés des bons vins, du fromage et du jambon, un mets très apprécié.

Pour se vider la tête, le discret Henri privilégie le sport, en quête de doses d'adrénaline, il se réunit avec des collègues ou amis autour d'une bonne table, mais sa passion reste son entreprise. Et quand on le questionne sur son avenir, il répond sans sourciller : « Dans dix ans, j'aimerais que la réussite de la Maison Marc soit multipliée par dix. Le plus dur est fait. Notre marque existe. À terme, je voudrais faire produire par d'autres agriculteurs avec une charte de qualité à respecter. Et surtout qu'ils soient justement rémunérés, ce qui n'a pas été le cas pendant de longues années... » De nombreux chapitres de la Maison Marc sont encore à imaginer. Henri veut à tout prix inscrire son entreprise familiale dans la durée, la faire fructifier, l'améliorer encore et toujours. Et sa récente conquête du monde ne lui fait pas oublier son pays natal puisque son désir secret est d'ouvrir une boutique 100 % Maison Marc dans les beaux quartiers de Paris...

SON LIEU DE PRÉDILECTION
Le pigeonnier, les dix ans de la Maison Marc

C'est là que tout a commencé il y a un siècle, sur cette terre sableuse de Bourgogne. Le grand-père, Marc, y cultivait déjà le cornichon de manière artisanale et le conservait selon une recette imaginée par son épouse.
C'est aussi en ces lieux qu'Henri a passé une partie de son enfance, de son adolescence. Lorsqu'il va y chercher l'inspiration ou simplement se ressourcer, il se souvient des vaches, des caravanes et bâtiments annexes où logeait le personnel. À l'époque de son grand-père, à une ère où les machines n'avaient pas encore détrôné les hommes, le besoin en main-d'œuvre pour travailler la terre était immense.
Henri se souvient également de ses amis, sa famille et cette fête inoubliable qu'il y a organisée pour les dix ans de la Maison Marc.
Aujourd'hui, ce pigeonnier est strictement privé et il est pour Henri un lieu de recueillement. Il sera, nous l'espérons, le théâtre de bien d'autres anniversaires…

Façade du pigeonnier

Sophie Guillin,
Directrice Générale du Groupe Guillin.

7.
Le plastique est fantastique !

Guillin, une histoire de famille, de confiance, de complicité père-fille, François et Sophie, « on se comprend sans se parler » ; un attachement viscéral à leurs racines, à cette magnifique vallée de la Loue dont ils sont originaires, à cette Franche-Comté plantée au centre de l'Europe ; un patronyme devenu une marque, un gage de performance industrielle, de sérieux, de qualité.

Leur groupe est aujourd'hui leader européen de l'emballage alimentaire multimatériau, pourtant la famille Guillin n'oublie pas d'où elle vient. De ses aïeux maçon et agriculteur, la famille a hérité le sens de l'effort, du travail bien fait, et ces valeurs fortes, ce pragmatisme, ce bon sens inné que l'on reconnaît à ceux qui ont grandi au plus près de la nature. « Pour bâtir une maison, les fondations doivent être solides. » Et elles le sont...

Guidé par son rêve d'autonomie, le père de Sophie crée le Groupe Guillin en 1972. Ne dépendre de personne. Être libre. À cette époque, il déjeune dans les centres régionaux des œuvres universitaires et scolaires (Crous), les restaurants universitaires où on lui sert des portions de fromage dans des barquettes en plastique. Son intérêt est piqué au vif, il fait alors des recherches et découvre la technologie du thermoformage. Avec les économies de sa femme, puéricultrice, il achète sa première machine et une housse pour protéger la voiture de son beau-père. Il a en effet l'intention de récupérer son garage pour le transformer en... usine ! Sa machine y est rapidement installée. L'aventure commence...

Les années 1970 sonnent l'avènement de la grande distribution. Au rayon pâtisserie, il constate que les files d'attente s'étirent, que le personnel manque cruellement et qu'il n'a point quatre bras pour servir les clients qui s'impatientent... L'idée germe dans son esprit : il invente la première boîte à charnière. C'est une révolution commerciale, le rayon passe pour la première fois en libre-service. *Carrefour* est son premier client et fait toujours partie de ses plus gros clients cinquante ans plus tard.

À cette première boîte pour la pâtisserie s'ajoutent de nouvelles gammes pour la viennoiserie, le traiteur, la salade, les plats préparés. Le garage est rapidement trop exigu.

De Lods à Mouthier-Haute-Pierre puis Ornans, la société prend son envol jusqu'en 1989, date à laquelle le fondateur se trouve confronté à la sempiternelle question : croître ou ne pas croître ? Il décide alors de passer à la vitesse supérieure en entrant à la Bourse de Lyon. Cette stratégie va lui permettre de mettre en œuvre et financer des opérations de croissance externe, et de structurer le Groupe. Cela sera la seule expérience de croissance par la Bourse car, depuis, la trentaine d'opérations a été autofinancée. À ce jour, le Groupe est toujours détenu par la famille à hauteur de 65 % des actions et de 75 % des droits de vote. Être autonome et indépendant n'est, pour eux, pas discutable. C'est une philosophie.

Depuis sa plus tendre enfance, Sophie Guillin sait qu'un jour elle rejoindra son père à la tête du Groupe. Et même si ses études supérieures et ses stages la mènent à Paris, aux États-Unis, au Japon, l'appel de la Franche-Comté et ce bébé à venir sont plus forts. « La compétence se gagne avec des actes et non par les études supérieures. Il faut avoir l'humilité de commencer en bas de l'échelle. » Ayant rejoint l'entreprise il y a plus de vingt-cinq ans, elle a en effet occupé toutes les responsabilités : comptable, RH, responsable de la communication financière, responsable de filiales puis du développement – croissance externe et intégration de ces filiales. Sa mission est immense : il lui faut transférer la culture et l'ADN du Groupe, impulser la stratégie et faire en sorte que ces sociétés grandissent correctement. Elle est aujourd'hui Directrice Générale du Groupe depuis 2013 et son père reste président du conseil d'administration. Un tandem complice et efficace.

Le métier du Groupe Guillin est la fabrication de solutions d'emballage alimentaire avec six axes principaux : la grande distribution ; la restauration commerciale ; le commerce traditionnel – traiteurs, pâtissiers, etc. ; la production et le conditionnement de fruits et légumes ; l'agroalimentaire – poisson, viande, plats préparés ; la restauration collective – hôpitaux, maisons de retraite, prisons, cantines scolaires. Le Groupe Guillin compte aujourd'hui trois mille collaborateurs, vingt sites industriels en Europe, dix filiales commerciales et réalise sept cent quarante millions d'euros de chiffre d'affaires dans soixante-dix pays.

Pourtant, Sophie Guillin le revendique : sa famille a l'âme des entrepreneurs chevillée au corps. Le Groupe est en réalité une fédération de petites et moyennes entreprises (PME) dans laquelle chaque entité acquise le long de la route de la réussite garde son autonomie et son équipe. Chaque site est spécialisé par métier, par marché ou par technologie.

La croissance s'est faite essentiellement par acquisition, de manière progressive et réfléchie, sans précipitation et en assurant chaque étape de son développement. Intégrer une nouvelle société se fait soit pour entrer ou renforcer une zone géographique, soit pour ajouter une nouvelle technologie, un nouveau matériau – injection, fabrication du CPET, carton –, ou pour pénétrer un nouveau marché.

Le Groupe Guillin est aujourd'hui présent dans dix pays européens, industriellement et commercialement – France, Allemagne, Pays-Bas, Italie, Espagne, Portugal, Angleterre, Suisse, Roumanie, Pologne –, ces implantations permettant de produire au plus près du lieu de consommation. Les noms des sites industriels sont conservés, suivis de « By GUILLIN » – une demande des entreprises qui ont été rattachées au Groupe. Les filiales commerciales, quant à elles, reprennent inexorablement le nom Guillin, un véritable atout en matière de communication, car le Groupe est reconnu comme référent sur son marché. Et même si la production est essentiellement européenne, le Groupe vend ses produits dans plus de soixante-dix pays : « À titre d'exemple, nous suivons les cycles de production des fruits et légumes, il faut donc parfois passer d'un hémisphère à l'autre et aller en Afrique du Sud, en Argentine, etc. », explique Sophie.

Quant à la France, la chef d'entreprise le répète haut et fort, son attachement à leur terre est viscéral. Le Groupe produit dans le Loiret, en Isère, dans l'Yonne et dans son Doubs natal. Chacun des sites français recrute en priorité les salariés dans sa région et y sélectionne ses sous-traitants. L'objectif est de se fournir localement et de faire travailler le tissu économique de la région, du maçon ou boulanger en passant par le menuisier. Sur son site historique d'Ornans, on applique bien sûr ce principe et on a à cœur de faire vivre cette petite ville de quatre mille cinq cents habitants et l'ensemble des habitants de la vallée de la Loue.

Et c'est leur forte stratégie d'investissement – entre 6 et 8 % du chiffre d'affaires annuel – qui leur permet de rester productifs et compétitifs, d'être à la pointe de la technologie, d'avoir un outil industriel performant et des unités très réactives.

Leurs clients, la grande distribution bien sûr : *Carrefour, Auchan, Système U, Leclerc, Casino, Lidl, Métro*, etc. ; les chaînes de restauration : *O'Tacos, Brioche dorée, Éric Kayser*, etc. ; les restaurations traditionnelles : *Banette*, etc. ; les collectivités : Sodexo, Elior, Compass, etc. ; tous les hôpitaux ; les industriels de l'agroalimentaire : Savéol, Mix Buffet, 2 Sisters, Moy Park. Le Groupe est leader européen alimentaire et réalise plus de 65 % de son chiffre d'affaires hors de France. « Le public ne nous connaît pas, même s'il utilise nos produits tous les jours », ajoute Sophie Guillin.

Et si on lui demande comment elle gère les crises, Sophie répond qu'elles font partie intégrante de la gestion des entreprises : « Certes, elles s'accélèrent et se succèdent ces dernières années à une vitesse folle, mais il faut rester lucide, garder son sang-froid et prendre de la hauteur pour prendre les bonnes décisions. Dans toute crise, il y a des opportunités. Le Covid a par exemple été l'occasion de réaffirmer la raison d'être de notre groupe : la protection des aliments et donc la sécurité pour les consommateurs. » Le plastique est unique. Il garantit une hygiène irréprochable et permet de réduire le gaspillage alimentaire qui est un objectif majeur.

Les pénuries récentes sur les matières ont d'ailleurs renforcé la conviction de Sophie selon laquelle la stratégie d'implantation locale est la bonne, qu'il faut s'intégrer au maximum afin d'être le plus autonome possible. Diversifier les fournisseurs, se ressourcer localement et ne surtout pas dépendre de puissances étrangères comme la Chine, sur lesquelles on n'a aucun contrôle… voilà les clefs de la réussite, ce qui permet de surmonter les nombreuses difficultés auxquelles une entreprise est confrontée. Et là intervient la force de conviction du dirigeant qui doit tenir ses troupes en rangs serrés, leur donner la force morale de continuer. Ce qui ne tue pas rend plus fort.

Lorsque l'on aborde le sujet « qui fâche », celui tant repris par les médias, les politiques et les ONG qui diabolisent le plastique en l'accusant de polluer les océans et de consommer des énergies fossiles, Sophie Guillin argumente avec conviction : « Les emballages en plastique ne représentent que 0,7 % de la production pétrolière mondiale ! Quant à la pollution des océans, tout est question d'éducation. Un emballage n'est pas un déchet mais une ressource si on le jette dans la bonne poubelle et si on lui donne une seconde vie. »

Lorsque l'on regarde de plus près la problématique de pollution des océans, on s'aperçoit vite que 95 % d'entre elles proviennent des dix premiers fleuves d'Asie et d'Afrique. Sophie Guillin le répète : il faut traiter le problème à la source, à savoir dans les pays en développement. En ce sens, un engagement a d'ailleurs été pris par son groupe avec l'initiative *Prevented Ocean Plastic*. L'objectif : aider ces pays à structurer leur collecte, à éduquer les populations.

L'enjeu est aussi humain puisque les populations locales vont être rémunérées pour aller collecter les bouteilles sur les plages, leur donnant ainsi le moyen de nourrir leur famille. L'impact sera finalement environnemental puisque ce sera autant de plastique qui ne finira pas dans les océans. Ce sont plus de huit cent cinquante millions de bouteilles que le Groupe a collectées et réintégrées dans ses emballages depuis 2021.

En France, les consignes de tri ont certes été étendues, mais pour l'instant, seuls 50 % de la population trient et ce n'est pas suffisant ! Chez Guillin, des bacs de récupération ont été installés pour inciter les salariés à ce geste indispensable à la préservation de l'environnement, et tous les sites du Groupe collectent leurs déchets industriels.

Là encore, Sophie insiste sur les vertus de l'éducation. Elle intervient dans les écoles pour expliquer ce qu'est le plastique. « En plus d'être un matériau extrêmement réglementé, il a apporté énormément à l'industrie alimentaire. En protégeant les produits de possibles contaminations, il a permis d'éviter de nombreux scandales sanitaires. Il est aussi utilisé dans le médical pour les poches à sang, les seringues. On jette souvent l'opprobre sur un matériau qui est finalement essentiel pour la santé des gens... »

En France, aujourd'hui, le recyclage des plastiques est de l'ordre de 30 %, beaucoup reste à faire. Le Groupe travaille aujourd'hui avec les éco-organismes et les collectivités locales pour accélérer ce développement : « La circularité, ce n'est pas un objectif mais un devoir », dit Sophie avec conviction. Pas seulement des plastiques, mais aussi du verre, du carton, du métal. Et c'est la raison pour laquelle le Groupe Guillin ne travaille qu'avec des plastiques 100 % recyclables : le polypropylène (PP) et le polyéthylène téréphtalate (PET), et a fait muter 100 % de leurs sites en ce sens, la priorité restant évidemment l'hygiène. Selon Sophie Guillin, ce sont les meilleurs matériaux : « Prenez le PLA par exemple à base de maïs. On peut se poser des questions : le maïs est-il transgénique ? Quel est le bilan carbone quand ce plastique vient de loin ? De plus, il consomme de l'eau et ne rentre pas dans les filières de recyclage. Et enfin philosophiquement est-ce raisonnable d'utiliser une ressource agricole pour fabriquer du plastique lorsque des gens meurent de faim dans certains pays du monde... ? Les bilans carbones des produits alternatifs en surprendraient plus d'un parfois ! »

Toujours dans ce souci de circularité, le Groupe s'est doté d'un logiciel qui étudie les cycles de vie des produits. Chez Guillin, on n'oppose pas les matériaux puisque l'on sait que chacun d'entre eux présente des vertus spécifiques. L'important est qu'il soit utilisé à bon escient : les produits secs pourront être conservés dans du carton et ceux ayant un besoin de conservation longue durée ou les produits gras et humides seront plutôt protégés par du plastique. Le Groupe collabore également avec les universités et leurs filières de recherche, participe à des groupes de travail sur des solutions novatrices.

En plus du recyclage mécanique, les investissements dans le recyclage chimique permettront à tout plastique de revenir à sa molécule originelle et donc de redevenir quasiment « vierge ». Ce sera une véritable avancée tout comme les techniques enzymatiques pourraient changer la donne. Sophie Guillin reste convaincue que la chose la plus importante reste l'éducation et le fait d'adopter une attitude citoyenne responsable en jetant nos déchets dans la bonne poubelle et non dans la nature, l'océan ou sur les plages.

La vision de Sophie Guillin est globale et associe recyclage chimique, mécanique et revalorisation énergétique. Le déchet est en effet une source d'énergie, et le plastique l'une des meilleures en termes de pouvoir calorifique. À titre d'exemple, en Suisse et dans les pays du Nord, on en importe pour chauffer la population.

Sophie est fière de dire que l'ensemble des entreprises du Groupe ne dégagent rien ni dans l'eau, ni dans l'air, ni dans le sol. Les circuits se font en boucle fermée, 100 % de chutes techniques sont réintégrées, le chauffage se fait souvent grâce à l'énergie dégagée par les machines et les investissements se succèdent pour remplacer le matériel par des machines à faible consommation énergétique. Sophie rappelle qu'en protégeant les aliments, on évite d'avoir à les reproduire et on baisse ainsi les émissions de gaz à effet de serre… C'est une lutte sans merci contre le gaspillage alimentaire.

Et cet engagement est collectif. « Notre plus grande richesse, ce sont avant tout des femmes et des hommes unis autour d'un même projet d'entreprise qu'ils portent avec fierté et passion», écrit Sophie sur le portail du Groupe. Et à ces forces vives, il faut associer la Banque Populaire Bourgogne Franche-Comté (BPBFC). La banque du cœur, comme l'appelle Sophie : en effet, c'est la BPBFC qui a accordé à François le prêt pour la première machine en 1972. Elle est restée leur banque majeure privée et professionnelle et les a accompagnés dans leur développement. « La BP est une banque de proximité, une banque qui nous connaît et qui nous fait confiance. Nous sommes fidèles. »

La pérennité, la transmission, voilà le mantra de Sophie. Que le Groupe soit toujours là dans des décennies. Qu'il continue de se développer, en assurant chaque étape de sa croissance.

L'avenir rime avec la troisième génération Guillin. Le fils de Sophie a fait ses armes en Suisse où il a pris la direction de la filiale en 2020. L'épidémie de Covid-19 ébranle alors le monde et la spécialité de la branche helvétique est les festivals. Le chiffre d'affaires passe de tout à rien. En deux ans, il réinvente le portefeuille clients et c'est une mère fière et pleine d'admiration qui raconte : « Bâtir est dans l'ADN familial. Je suis née avec l'entreprise, j'ai grandi au milieu des machines. Mon fils a lui aussi été biberonné aux discussions stratégiques, aux arbitrages. Il a envie de poursuivre l'histoire et ma fille qui fait des études de sciences politiques n'est pas en reste et participe activement aux débats familiaux en apportant sa vision toujours pertinente et juste ! »

En attendant, c'est bien une femme au caractère trempé qui est la Directrice Générale du Groupe. Avec une détermination héritée de son passé de gymnaste, une approche engagée, la sensibilité et l'intuition qui sont souvent l'apanage du sexe féminin, les compétences acquises tout au long des années, Sophie Guillin dirige d'une main de maître le Groupe. Elle jongle avec virtuosité entre ses missions de mère, de fille, de femme, de chef d'entreprise, mue par ses valeurs, son éthique. « Lorsque j'ai commencé, j'étais jeune et dans le mimétisme, il me fallait trouver ma place aux côtes du père fondateur. J'ai rapidement compris que, pour m'imposer, je devais rester moi-même. »

Sophie Guillin a le sens de l'engagement, du travail bien fait, elle privilégie la bienveillance et l'écoute avant de prendre ses décisions, rassemble les éléments pour forger ses convictions. Être avec ses équipes, dans l'attention à l'autre, faire preuve d'humilité, savoir se remettre en question, voilà quelques clefs de son management. Et c'est avec énergie et enthousiasme, bon sens et pragmatisme, que, près de vingt-cinq ans après avoir rejoint le Groupe, elle donne le cap à ses troupes et continue d'écrire l'histoire du Groupe Guillin. « Une femme gère son entreprise comme sa famille. Elle est attentive et protectrice ! »

Comme exutoire à sa vie bien remplie, le week-end, Sophie part courir dans la nature, marcher dans les montagnes, faire du ski. Le sport est une école de la persévérance, de l'esprit de compétition et d'équipe aussi. Il apporte équilibre et humilité. La gymnastique qu'elle a tant pratiquée lui a enseigné comment rebondir sur ses succès et sur ses échecs. Ne jamais rien lâcher. Jamais.

SON LIEU DE PRÉDILECTION
Mouthier-Haute-Pierre, le village natal

Son village natal, Mouthier-Haute-Pierre, niché au cœur de la vallée de la Loue, dans le Doubs. Dominé par d'abruptes falaises, entouré d'un écrin de verdure, rehaussé de beautés telles les gorges de Nouailles, le village s'est construit au fil du temps autour d'un monastère que sa famille a acquis il y a quelques années pour le restaurer et lui redonner ses lettres de noblesse.
La maison familiale s'y trouve toujours, baignée de cette nature magnifique, et les générations s'y succèdent. « Notre fief », comme l'affirme en riant Sophie Guillin.
Celle qui dirige aujourd'hui le référent européen de l'emballage plastique alimentaire reste profondément attachée à ses racines, à la terre. Lorsque ses responsabilités sont trop exigeantes, qu'elle a d'importantes décisions à prendre, elle arpente, pieds nus, le sol de son jardin, entourée d'arbres séculaires. « Je me ressource, me recharge en énergie, ça m'aide à me recentrer pour être totalement à même de décider. »

Vue du village de Mouthier-Haute-Pierre

Dominique Pitoiset,
Directeur Général et Artistique de l'Opéra de Dijon.

8.
Et Dijon joua, chanta, dansa…

La vie comme un roman. Issu d'un milieu modeste, « un transfuge de classe », dit-il non sans une certaine fierté, Dominique Pitoiset grandit loin des milieux artistiques, et nul parent ne peut se targuer d'avoir influencé son destin.

Dominique s'est construit tout seul, son parcours qu'il qualifie lui-même d'accidenté, rythmé par des changements forts d'orientation, serait sans doute impensable de nos jours. Dominique Pitoiset va en effet s'imposer dans le milieu élitiste de l'art et de la culture, défiant ainsi les cartes qui semblaient pourtant lui avoir été distribuées. Sa carrière va se bâtir pas à pas, au gré des réalités.

Sa première rencontre avec les arts remonte à son entrée à l'école supérieure des beaux-arts de Dijon réputée pour ses enseignants de grande qualité. Dominique est né dans la capitale bourguignonne et pour le jeune dijonnais qu'il est, une fenêtre vient de s'ouvrir sur un autre monde. Sa curiosité est insatiable, histoire de l'art, littérature, arts plastiques, entre autres, le passionnent. Il n'a alors aucune formation théâtrale. Ce chapitre de sa vie s'ouvrira plus tard lorsque, à l'issue des trois années passées sur les bancs de l'école des beaux-arts de Dijon, il choisit une orientation originale. En lieu et place d'un second cycle en architecture, sa formation initiale, il décide en effet de passer le concours de scénographie au théâtre national de Strasbourg. Dominique est un jeune homme tourmenté qui dévore la vie à pleines dents. Il commet alors une terrible erreur et se présente avec un mois de retard au concours des jeunes acteurs, son dossier de scénographie sous le bras. Le directeur de l'école de l'époque fait preuve de souplesse, trouve idiot qu'il ait pris un billet pour rien, et l'autorise à donner la réplique à un candidat. Dominique accepte et se lance. Il passe aussitôt le premier tour des sélections et remplit un dossier de candidature sur le coin de la table, ce qui serait impossible aujourd'hui – cela remettrait en cause la validité même du concours. Le sort a joué pour lui. Dominique se retrouve au second tour puis dans la sélection finale. Des huit cents candidats, il n'en reste que douze. À cette époque, le théâtre national de Strasbourg est dirigé par Jean-Pierre Vincent, qui deviendra par la suite administrateur général de la Comédie-Française. Dominique Pitoiset tombe « fou d'amour de cette école, de cette maison, de ces personnes. Je découvrais un nouvel univers, j'étais en immersion totale», raconte-t-il. De nombreux acteurs deviendront les amis d'une vie.

Il reprend vite la direction du théâtre universitaire, la nuit, à quelques encablures de l'école. Jean-Pierre Vincent voit ses premiers essais et l'engage comme metteur en scène avant de lui proposer de le suivre à Paris à la Comédie-Française. Cependant, la maison centenaire ne correspond pas aux aspirations du jeune Dominique qui décide de partir à l'étranger.

Ce sera d'abord l'Allemagne, avant d'obtenir une bourse de la Villa Médicis hors les murs et de gagner l'Italie où il devient l'assistant de Luca Ronconi, de Giorgio Strehler, les grands maîtres de l'époque, puis de deux Allemands de l'Est, Matthias Langhoff et Manfred Karge. Pour ces derniers, l'anecdote est savoureuse: Dominique aurait été choisi suite à une discussion sur le football. Le ballon rond, il le connaît par cœur, il était son horizon au temps de l'enfance. Matthias Langhoff et Manfred Karge adorent son approche à la fois pragmatique de l'organisation, qui laisse la part belle à la dramaturgie du jeu. Ce grand rectangle vert ne ressemble-t-il pas à une scène de théâtre à plat? Très jeune, il se retrouve responsable des castings, de l'organisation des plannings, de leurs voyages.

Le chapitre suivant est ouvert par Hugues Gall, directeur de l'Opéra de Paris. Même si sa carrière a réellement débuté au-delà de nos frontières, Dominique a monté une petite association à Dijon et commencé à faire ses premières mises en scène qui rencontrent un certain succès. Alain Mergnat, le directeur du centre dramatique national de l'époque, lui confie un budget afin de mettre en scène une dispute de

Marivaux. Hugues Gall débarque ainsi à Dijon, au parvis Saint-Jean. « Je m'en souviens comme si c'était hier, raconte Dominique, Hugues Gall est descendu de voiture, a gravi les marches du théâtre, s'est assis dans la salle puis est venu me voir dans les loges à la fin du spectacle pour me demander si je serais intéressé pour mettre en scène *Don Giovanni* de Mozart à l'opéra Bastille. Pour le jeune homme que j'étais, c'était un choc que vous pouvez imaginer. »

Sans hésiter, Dominique accepte de relever le défi que représente un opéra de Mozart dans la capitale française. Sa mise en scène controversée est un sujet dont on parle encore. Ce sera ensuite, en 1999, le *Falstaff* de Verdi qui lui ouvre à nouveau les portes de l'international.

À l'étranger, Dominique met en scène plusieurs titres. Malgré son goût pour le répertoire russe ou anglais, il est assez naturellement associé aux répertoires italien ou français. Il commence donc à marcher sur ses deux pieds, entre théâtre parlé et théâtre lyrique, et est invité à diriger, très jeune, le centre dramatique national de Bourgogne. En effet, Alain Mergnat, qui doit quitter son poste en 1996, est fatigué et lui propose de s'occuper de la programmation 1995-1996. Robert Poujade, maire de Dijon de l'époque, s'est mis d'accord avec Jacques Toubon, ministre de la Culture, pour avoir un jeune directeur qui a grandi dans cette ville et s'est illustré à l'étranger. C'est le retour au pays.

Dominique dirige le parvis Saint-Jean. Il reprend le festival Théâtre en mai qu'il avait créé avec François Le Pillouër, le fait s'épanouir jusqu'à ce qu'on lui propose des projets plus ambitieux. Il choisit alors de quitter à nouveau la France pour s'installer en Italie où il enseigne la scénographie à Venise, à Milan et ailleurs, en Allemagne également, à Berlin, avant de diriger la chaire de scénographie de l'Académie des beaux-arts de Venise et d'enseigner à l'Académie des beaux-arts de Dresde.

À l'issue de son séjour italien, il crée l'école supérieure au sein du théâtre national de Bordeaux dont il sera le Directeur Général de 2004 à 2014, retourne en Italie à Venise, un pays et une ville qu'il adore, avant de signer son retour final à Dijon. C'est à nouveau l'édile de la ville qui le choisit. En effet, le maire de Dijon, François Rebsamen, souhaite relancer une direction à l'Opéra de Dijon (OD). Le statut juridique de la maison l'autorise à décider de cette nomination. Ce dernier lance avec ses équipes des recherches de profils pour établir une *short list* de candidats, et le nom de Dominique Pitoiset est cité. Ce dernier demande alors un projet d'établissement type, se renseigne sur leurs souhaits en accord avec le ministère de la Culture, la direction régionale des affaires culturelles et la région Bourgogne-Franche-Comté avant de rédiger un projet de soixante-dix pages.

Nous sommes en 2021. Dominique est désigné par le maire et l'État français valide à nouveau la convention Théâtre lyrique d'intérêt national, que son prédécesseur a acquise, pour les cinq années suivantes. Les mandats durent trois ans, Dominique a l'assurance d'être en fonction jusqu'à fin 2026 puisqu'il vient d'être reconduit. Ce poste, il le préfère au théâtre national de Toulouse dont on lui a proposé la direction. Il raconte : « J'ai souhaité revenir dans ma ville natale parce que l'enfant que j'ai été ici m'a parlé à l'oreille et m'a dit qu'il serait peut-être temps que je rentre à la maison. La ville a beaucoup changé, c'est une ville de métissages culturels mais aussi de producteurs [...]. Traditionnellement, la question de la production vient évidemment du monde du vin et de la viticulture mais c'est le cas également en termes artistiques et culturels. C'est une grande région qui héberge une multitude d'artistes. Dijon est une ville carrefour, un lieu à l'histoire extrêmement riche et passionnante. Je suis féru de XVIIIe siècle et de tout ce qui concerne les Lumières [...]. Je me suis dit que le petit gars qui a grandi ici a besoin d'envisager la fin de son parcours en s'ouvrant à une communauté qu'il pense bien connaître, et qu'il va redécouvrir, sur des territoires qu'il aime profondément. »

Cette question du retour, il se la pose depuis longtemps. Tout au long de ses pérégrinations, lorsqu'il est loin, parfois de l'autre côté de l'Atlantique, il songe à la région de son enfance, à ses valeurs d'humanité. Il savoure la chance qu'il a d'y avoir grandi, conscient que toute cette richesse l'a souvent aidé à affronter la réalité. Dominique analyse les raisons de son départ fin des années 1990. Il le reconnaît aujourd'hui : il a souhaité partir car l'auditorium de Dijon venait d'être créé et que le centre dramatique qu'il dirigeait n'aurait pas les moyens légitimes de son développement avant longtemps. Quel paradoxe que de diriger ce qui l'a fait fuir il y a plus de vingt ans !

En effet, à l'époque, lui et ses collègues avaient espéré que leurs responsables misent sur eux. « Nous avions créé un festival international – Théâtre en mai – qui marchait bien, nous avions un centre dramatique qui fonctionnait du tonnerre, et qui avait besoin structurellement de se développer. Nous avions dans notre belle ville des projets en direction des jeunes spectateurs qui n'existaient pas encore. Nous avions un besoin criant d'un Centre de développement chorégraphique national, de montrer la danse et les nouveaux cirques. Nous étions à Dijon très en retard, et voilà qu'on nous fabrique un monstre. Qui ne manque certes pas de mérite car l'acoustique du lieu est absolument remarquable, l'architecture c'est un autre débat… »

La suite est connue, Dominique s'exilera longtemps avant de retrouver cette région qu'il aime tant.

Lorsque Dominique est nommé directeur de l'Opéra de Dijon, il se concentre sur la partie structurelle, comme il l'avait annoncé dans son projet. Les enjeux sont clairs à ses yeux : l'écologie, bien sûr, mais aussi les questions de vie au quotidien, de relations sociales entre les Dijonnais. Il se concentre sur le Grand Théâtre, à savoir l'ancien Opéra. Ses grands-parents habitaient à deux rues de là et, enfant, il y a écouté ses premiers concerts, y a vu ses premiers opéras, y a même été coursier pour payer ses études. Il en connaît chaque pierre. « J'ai des souvenirs et des sensations à chaque endroit, c'est un lieu qui est habité par de très belles présences. C'est un lieu d'histoire et de sensibilités, d'émotions, et les histoires sensibles dans mon métier sont importantes à préserver », raconte-t-il. Dominique souhaite ainsi ouvrir le Grand Théâtre et le mettre en travaux. Malgré la crise du Covid, la guerre et les pénuries de matériaux qui en découlent, le projet avance notamment du fait de la décision – un choix validé par la ville et son maire François

Rebsamen – de désigner un jeune architecte du patrimoine vivant à Dijon. Avec lui, ils peuvent travailler quotidiennement, en collaboration avec les équipes du service d'architecture. Aujourd'hui, une partie des travaux est déjà achevée : loges, foyers techniques et artistiques, commodités, espaces scénographiques, espaces costume, etc. Pour imaginer ces espaces, Dominique et ses équipes ont écrit des *scenarii* de la vie au quotidien de tous les métiers. C'est en effet ce qui a défini le cahier des charges. « Nous avons travaillé comme sur un scénario de film mais en consultant tous les différents utilisateurs du bâtiment. »

Ils débordent de projets, pour l'enfance, pour les familles, pour des événements d'entreprises avec comme ambition d'offrir au cœur de la ville un lieu qui soit à la fois glamour et fonctionnel. La seconde tranche de travaux débutera en janvier 2024, c'est l'un des projets prioritaires de son mandat. Construire ou rénover. Dominique a aussi imaginé une entité de scénographie venue rejoindre les ateliers de construction de l'Opéra avec des étudiants qui sont en Erasmus ou en masters internationaux en relation avec l'École nationale supérieure d'arts de Dijon et l'Académie des beaux-arts de Brera à Milan. Aussi, une salle de répétition ouvrira prochainement dans les murs de l'auditorium, ce qui permettra d'ouvrir des programmations sans bloquer la grande scène trop longtemps, d'avoir dans le même bâtiment des projets en répétition et d'autres en diffusion. Dominique souhaite que ce lieu soit une référence de la création pour l'opéra, les concerts classiques, la danse, les nouveaux cirques, le jazz, les musiques du monde, la musique baroque, des projets numériques aussi.

Une fois son tablier de constructeur scénographe enlevé, Dominique veut en effet préparer l'avenir, « l'après-lui ». Pour ce faire, il doit tenir compte « des réalités de notre époque, la question évidemment de l'énergie, des mobilités, des réseaux qui permettent de réduire le coût énergétique et écologique des tournées d'orchestres ou des coproductions lyriques, la question du recyclage aussi, de la qualité de vie au travail, de la bonne évolution sociale de l'entreprise. Tous ces sujets sont à aborder dans le monde contrarié qui est le nôtre. Ce sont les préoccupations quotidiennes de toutes et tous et des salariés de la maison. Il y a également une politique de reconsidération de la parité, de la diversité dans nos équipes », explique-t-il.

Les questions sociales sont au centre de ses préoccupations. Dominique raconte que, dès son arrivée, avec Bruno Hamard, Directeur Général délégué, ils ont choisi de privilégier une relation avec l'Orchestre Dijon Bourgogne afin d'assurer sa présence à l'Opéra et ainsi la continuité de l'emploi des musiciens. Ils ont aussi prévu un peu de place pour l'Orchestre Victor Hugo, originaire de Besançon. De mère bisontine, Dominique connaît bien les relations entre la Bourgogne et la Franche-Comté, la rivalité qui existe parfois entre les deux anciennes régions. En ouvrant la porte de l'auditorium de Dijon à l'Orchestre Victor Hugo et à son directeur musical Jean-François Verdier, ils ont fait un grand pas en direction d'une reconsidération de la place des compétences musicales dans la région tout en favorisant l'émergence de jeunes talents. « J'ai constaté durant le Covid que ce qui assurait notre survie mentale et affective était les réseaux courts. J'ai donc privilégié, durant cette période de fermeture, toutes les relations conventionnées avec les artistes et techniciens de qualité inscrits dans la proximité.» Cela n'empêche pas Dominique de promouvoir les réseaux longs afin d'attirer des artistes au rayonnement international, en collaboration avec les autres programmateurs en France. Il est fier d'avoir mis en place, avec ses équipes, une association d'intérêt de programmation de grands ensembles, d'orchestres symphoniques et de grands solistes internationaux avec les auditoriums de Lyon, de Grenoble, d'Aix-en-Provence et de la Philharmonie de Paris. Metz et Bordeaux les rejoindront peut-être bientôt.

Ils sont réalistes et ambitieux. Leur feuille de route est tracée jusqu'en 2026. Outre les projets déjà évoqués, ils se concentrent également sur la qualité de la réception des publics, réfléchissent à la réalisation d'espaces de restauration et de bars de qualité sur leurs deux sites, travaillent leur communication avec un nouveau logo qui a rapidement trouvé ses marques, l'OD, s'attardent sur la question cruciale de l'éducation artistique et culturelle ainsi que sur la place des droits culturels dans les établissements publics. Outre les beaux projets menés de concert avec l'Éducation nationale, Dominique croit fermement en la vertu de l'art et de la culture, au postulat selon lequel y avoir accès est un droit. «Il ne faut pas penser que les lieux culturels sont les temples des sachants. [...] Mon vieux maître disait toujours: "L'art c'est jouer ensemble." C'est le début de la paix et jouer ensemble ça ne signifie pas essayer de convertir l'autre à son Église, ça veut dire dialoguer à égalité.»

Il a donc ouvert la programmation à d'autres horizons – nouveaux cirques, musiques du monde, danse contemporaine, des titres pour les familles, etc. – tout en conservant la colonne vertébrale de Théâtre lyrique d'intérêt national qui intègre l'opéra, la musique symphonique, les musiques baroques ou de chambre. Aussi, chaque saison, Dijon partira à la rencontre d'une ville et ses musiques des quartiers. En 2023, Chicago sera mis à l'honneur et des projets avec Dakar, Rotterdam, Hambourg, et l'Asie sont déjà initiés.

Dominique est catégorique. Ouvrir l'Opéra à tous n'est pas seulement une question démocratique, c'est une question de survie. « Si nous ne voulons pas que l'Opéra meure, il faut l'entourer des forces vives que sont les autres arts vivants. Les grands commanditaires de l'histoire de la musique étaient souvent des princes. Il est possible de faire en sorte que nos lieux se désacralisent encore davantage. L'OD, c'est ça… une ode à la vie. » Dominique n'a finalement qu'une ambition : organiser des événements afin de se retrouver, des lieux de rencontres et de festivités accessibles au plus grand nombre. Il le sait parfaitement : si les concerts étaient gratuits, les salles seraient toujours combles. Alors, il multiplie les alliances avec d'autres partenaires institutionnels, d'autres partenaires de jeu, comme le centre chorégraphique, le centre dramatique, avec des associations pour les musiques du monde, pour la musique contemporaine, le Consortium, centre d'art contemporain, sur la question des arts plastiques et d'autres initiatives… Ces partenariats permettent d'acheter ensemble des spectacles, de démultiplier les titres, de métisser les publics tout en diminuant les coûts d'achat et de production.

Dominique est convaincu que, pour rendre sa programmation attractive, chez lui et ailleurs, outre la diversifier, il faut aussi l'associer à la Cité de la gastronomie, à l'Office de tourisme, au monde de l'hôtellerie, à l'événementiel sportif ou autre. « Dans une région comme la nôtre, il faut être en lien permanent avec les autres. Il faut contribuer à rendre notre belle ville attractive en créant par exemple des opéras de grande qualité à rayonnement fort en partenariat avec les professionnels du monde du tourisme. L'équipe de l'Opéra de Dijon a tout le talent pour mener à bien cette ambition. » Il établit des ponts avec les autres pays comme cette belle relation engagée avec Renaud Capuçon et sa nouvelle direction musicale de l'orchestre de chambre de Lausanne qui vient désormais deux fois par an à Dijon. Une chose est certaine, l'auditorium de Dijon est une des Rolls acoustiques de l'Hexagone et de nombreux grands solistes rêvent de s'y produire...

Parmi ses partenaires institutionnels, l'Opéra de Dijon compte la Banque Populaire Bourgogne Franche-Comté (BPBFC). « La Banque Populaire Bourgogne Franche-Comté est historiquement impliquée dans la vie de l'Opéra de Dijon. Une collaboration qui s'ancre résolument sur le long terme et qui dure depuis dix ans. Historiquement partenaire, elle est devenue Mécène associée depuis trois ans. La Banque Populaire est convaincue que l'art et la culture contribuent à l'épanouissement de chacune et chacun d'entre nous. Elle souhaite s'associer au soutien des jeunes talents. Par le passé, elle a su être présente lors de moments essentiels de la vie de l'Opéra de Dijon. Cette saison, la Banque Populaire accompagnera la venue de Leonardo García Alarcón et de Renaud Capuçon & Talents. »

L'économie des compagnies de production dans le milieu du spectacle vivant est tout à fait particulière et il est important d'avoir des interlocuteurs ou interlocutrices dans des banques qui sont sensibles à ces questions, qui comprennent les fluctuations de trésorerie. Aujourd'hui, l'Opéra et la BPBFC parlent ensemble d'avenir, des beaux projets qui vont être lancés, des initiatives de proximité en direction des jeunes talents et du public qui vont être menées. Ils évoquent par exemple la question de la poursuite de la rénovation structurelle, des programmes de résidence artistique... C'est une relation intelligente et généreuse au bénéfice de tous, jeunes et moins jeunes, connaisseurs et néophytes, autour de ce que l'art et la culture peuvent apporter de mieux, à savoir la paix et l'humanité.

Dominique Pitoiset est un homme comblé. Lui, le petit garçon qui avait pour horizon le terrain de foot, ce grand rectangle vert sur lequel il passait ses après-midis à jouer avec ses camarades, lui qui, enfant, n'avait vu ni mer ni montagne, vit aujourd'hui de sa passion : l'art en général, le théâtre lyrique en particulier. « La scène du théâtre est un lieu unique, c'est le lieu où l'on questionne ce que sont nos humanités, un vivarium où nous sommes à la fois le sujet, celui qui l'étudie et le démiurge qui le manipule. Il n'y a aucune autre pratique dans l'histoire de l'humanité qui a cette vertu. Ce n'est pas une science exacte, c'est celle de l'émotion. Être vivant. C'est d'ailleurs le titre de notre saison : les êtres lyriques. »

La capitale bourguignonne continuera longtemps de jouer, de chanter, de danser...

SON LIEU DE PRÉDILECTION
Le Grand Théâtre - Opéra de Dijon

Le Grand Théâtre de Dijon – autrefois l'opéra – a marqué son enfance et en particulier la petite salle datant du début du XIXe siècle qu'il restaure aujourd'hui, pas à pas. Son grand-père allait lire son journal dans la salle des tombeaux du grand musée voisin. Dominique pourrait dessiner de mémoire les pleurants. C'était sa garderie. Au Grand Théâtre, enfant, il y écoutait de la musique, assistait à des opéras, et son école l'emmenait même y voir des films. Le souvenir du moyen métrage *Le Ballon rouge* d'Albert Lamorisse est encore vif. Il est de ces lieux qui vous marquent à jamais, vous inspirent pour toujours.

Le Grand Théâtre de Dijon

Valéry Miéral,
Président des Volailles Miéral.

9.
Cocorico, un orgueil national

La France, patrie mondiale de la gastronomie, célèbre pour ses produits uniques et raffinés, fruits du savoir-faire parfois séculaire de ses habitants et de ses entreprises. Parmi ses pépites, il y a la volaille de Bresse, qui est la seule au monde à détenir une appellation d'origine contrôlée par la France et à être protégée par la Communauté européenne, à l'instar de certaines viandes et vins, comme le très renommé vin de Bourgogne, autre fleuron de la région. La conquête du monde par ces produits, nous la devons en partie aux grands chefs français partis il y a des décennies sur les routes, emportant pour tout bagage leur talent, leurs compétences et des trésors culinaires, comme la volaille de

Bresse. On la trouve aujourd'hui sur la carte de tables prestigieuses, aux quatre coins de la planète, comme au pays du Soleil-Levant où elle a été importée par Paul Bocuse qui rendait alors visite au chef Irama Tsu...

Derrière cet orgueil de la volaille française se cachent des entreprises comme Les Volailles Miéral et ses cent ans d'histoire. En 1919, Claude Eugène Miéral reprend l'entreprise de production de beurre, œufs, fromage, volailles qui l'employait à Montrevel-en-Bresse dans l'Ain. Quatre générations plus tard, ses arrière-petits-fils, Valéry et Florent, sont aux commandes.

Valéry Miéral est un passionné. À deux jours de passer son bac, il annonce à son père qu'il ne souhaite pas se présenter à l'examen : il veut intégrer aussi vite que possible la société familiale. Ce dernier éprouve sa détermination, Valéry est catégorique. Nous sommes en 1989, il rejoint ainsi Les Volailles Miéral dont il finira par prendre la présidence à l'occasion du départ à la retraite de son père en décembre 2008, après vingt ans passés aux côtés de ce dernier et de son frère cadet qui les a rejoints en 2005. Les vingt-six salariés d'alors ont aujourd'hui doublé.

En 2022, Les Volailles Miéral exportent dans plus de vingt-cinq pays avec, en Asie, le Japon depuis 1975 – la France et le Japon entretiennent depuis longtemps une idylle culinaire ! –, Hong Kong, Macao, Singapour, la Thaïlande, le Viêtnam ; le Moyen-Orient et Dubaï en particulier ; le Royaume-Uni et l'Europe, Grèce, Espagne, Italie, Belgique, Pays-Bas, Luxembourg, mais aussi et surtout la Suisse frontalière, un pays d'alpages, une terre de viande, de vin et de fromage, et l'Allemagne qui compte tant de restaurants réputés. Certains marchés restent cependant complexes, comme les pays nordiques où la volaille est industrielle, intensive, confinée, avec parfois plus de dix mille volailles parquées dans 400 m², où la crainte de la salmonelle est grande et les règles sanitaires drastiques et incompatibles avec les élevages en plein air; ou encore la Chine, les États-Unis et le Brésil, les trois plus grands producteurs mondiaux de volaille industrielle, qui en interdisent tout bonnement l'importation.

Comme tant d'autres domaines aujourd'hui, celui de la volaille est victime de la concentration entre les mains d'un ou de plusieurs grands groupes d'une large partie de l'activité. Ces entreprises représentent un tel poids que l'on assiste à la disparition quasi inéluctable des petites et moyennes entreprises (PME). À cela s'ajoutent les règles édictées par l'Europe qui deviennent si compliquées que seuls les industriels peuvent les appliquer.

La volaille d'exception est en vérité une filière d'une immense complexité. «Ce n'est pas une question de coût. Outre les risques liés à la prédation, c'est un travail sept jours sur sept, pendant des mois et des mois. Il faut des éleveurs compétents qui ont la passion de leur profession. La masse de travail pour fabriquer un produit de qualité est immense, et cela rend presque impossible notre métier... Et c'est sans compter les règles et normes sanitaires qui deviennent de plus en plus complexes, la pression en termes de biosécurité... », explique Valéry Miéral.

La disparition quasi certaine des produits très qualitatifs n'est malheureusement pas un mythe mais une réalité. Bientôt, il n'y aura probablement plus personne pour « élever et fabriquer ». Bruxelles et ses hauts fonctionnaires ne prennent pas en compte les spécificités locales, et la France est justement maître en la matière. Les savoir-faire y sont nombreux et uniques. À titre d'exemple, la volaille de Bresse est la seule au monde à avoir un centre de sélection génétique qui entretient la race : la bresse gauloise blanche. « Ce savoir-faire ne s'apprend pas dans les livres, il est le fruit de la pratique, une conjugaison des mains et du cerveau. On aura du mal à continuer de former de jeunes éleveurs... J'espère que les Français ne seront pas obligés de manger du poulet brésilien d'ici dix ou quinze ans... », ajoute Valéry.

Aux yeux du novice, la diversité des volailles peut paraître obscure. Et pourtant, les différences sont immenses. Il existe en effet plusieurs types d'élevages, même en matière industrielle. Dans les premiers, les volailles sont installées dans des bâtiments et élevées de manière ultrarapide, entre vingt-huit et trente-trois jours environ. Nourries à l'excès, elles doivent être abattues le plus vite possible pour arriver dans l'assiette du consommateur. S'ensuit la catégorie des volailles certifiées dont l'élevage est un peu plus long mais est peu ou prou opéré dans les mêmes conditions. Vient ensuite la gamme Label rouge qui doit répondre à un cahier des charges, les volailles sont alors élevées un certain temps dehors, et le produit fini est de bonne qualité.

Dans tous ces cas de figure, et contrairement à la volaille de Bresse, il n'existe aucun lien avec une race, un sol, un savoir-faire. L'élevage de cette dernière ne souffre aucune comparaison. À sa naissance, elle est considérée comme un bébé pendant cinq semaines et est nourrie avec un aliment adapté et hautement équilibré. Elle est ensuite relâchée à l'extérieur où un minimum de 10 m^2 par volaille est exigé, va aller chercher sa nourriture dans le sol bressan, strictement délimité géologiquement depuis le début du XXe siècle. Deux familles de paysans se font alors la guerre autour de l'appellation « volaille de Bresse ». L'État s'en mêle et envoie des émissaires qui passent des semaines à borner chaque parcelle depuis Chalon-sur-Saône à Bourg-en-Bresse, de Mâcon au début du Jura. Afin de déterminer un lieu géographique, les sols ont été minutieusement étudiés, et la Bresse s'étend depuis lors sur trois départements : l'Ain, la Saône-et-Loire et le Jura.

Les volailles évoluent quatre, cinq, six mois, cherchant sans cesse des protéines – insectes, vers de terre en abondance –, picorant çà et là fleurs et herbes. Et c'est précisément à cet instant que le savoir-faire de l'éleveur est déterminant : il va alors les installer dans de petites pièces, des épinettes, afin qu'elles s'engraissent et deviennent savoureuses, que leur viande acquière tendreté et goût. En effet, elles ont jusqu'alors passé leur temps à courir, et leur chair est maigre à souhait ! Le résultat de cette technique unique d'élevage : des volailles d'exception servies sur les meilleures tables de la planète.

Le monde moderne est le théâtre de crises à répétition. Les profondes mutations qu'il subit bouleversent des secteurs traditionnels à l'histoire séculaire. La filière avicole n'est guère épargnée. Le Covid-19 l'a particulièrement impactée, elle qui ne connaissait jusqu'alors aucun problème de transmission intergénérationnelle.

Dès le 7 janvier, Les Volailles Miéral ont perdu le marché de l'export avec la fermeture immédiate de Singapour puis de Hong Kong. Le 14 mars 2020 au soir, à l'instant même où le Premier ministre annonce que les restaurants vont devoir baisser leurs stores, l'entreprise perd 75 % de sa clientèle. Les restaurants resteront fermés jusqu'en juillet puis refermeront par intermittence. Tout autour du monde, la situation est critique. Valéry et son frère n'ont guère le choix : soit ils optent pour la fermeture de l'entreprise et acceptent les aides proposées par le Gouvernement, soit ils ne plient pas et restent ouverts. Ils savent que le choix numéro un rime avec la mort rapide de la filière. Ils congèlent alors leurs produits pour limiter la casse et s'en sortent, mais c'est un point de rupture grave en matière de transmission. En effet, ceux de la filière proches de la retraite décident de s'arrêter, et les jeunes ne sont pas là pour les remplacer. Ce phénomène qui dure depuis trois ans maintenant représente un défi de taille. Malgré son réalisme, Valéry est un optimiste. « J'espère qu'on va résoudre ce problème fondamental mais attirer des jeunes dans l'agriculture à notre époque est très compliqué, entre la problématique du foncier en termes d'acquisition et l'épée de Damoclès que représentent les règles sanitaires françaises et européennes... », explique-t-il.

Valéry croit fermement en l'avenir de son entreprise centenaire. Depuis 2009, il multiplie les investissements liés aux règles sanitaires, ouvre des boutiques à Bourg-en-Bresse, aux Halles de Lyon, une plateforme en demi-gros pour fournir toute la région lyonnaise – un marché peu développé auparavant – a plus que doublé les pays à l'export, de douze à trente, et on ne compte plus les tables étoilées qui s'approvisionnent chez lui.

Une réussite est une affaire collective. Son partenaire depuis 1993 : la Banque Populaire Bourgogne Franche-Comté (BPBFC) et Pays de l'Ain. Entre l'entreprise et l'établissement financier, de vrais liens se sont tissés. En 1992, un concours de circonstances contraint la société Miéral à déposer le bilan. L'entreprise voit alors affluer des fonds de toutes parts pour leur venir en aide. La situation est ubuesque : l'argent ne manque pas mais aucune banque n'accepte de leur ouvrir un compte. C'est la trésorerie générale de l'Ain qui joue ce rôle pendant deux années jusqu'à la rencontre avec un collaborateur de la BPBFC. « C'est la seule banque qui a voulu de nous en cette période difficile. Cela fait trente ans qu'elle est devenue notre partenaire privilégié. [...] je n'ai jamais eu un dossier BP qui n'aboutisse pas. Ils sont compétents, le recrutement est excellent et tout est toujours simple avec eux. C'est un vrai partenaire, ce qui n'est pas souvent le cas entre une banque et une entreprise », affirme Valéry Miéral.

Et quand il ne se voue pas corps et âme à son entreprise familiale, Valéry fait acte de générosité, comme en témoigne cette initiative au temps du Covid. Les clients sont alors tous fermés, la filière accumule des produits dans les congélateurs, la machine politique est en route pour trouver des solutions. Par l'intermédiaire de la région et du département de l'Ain, ils mettent en place une opération de livraison des cantines scolaires entre fin 2020 et début 2021. À l'heure où la malbouffe des enfants en milieu scolaire fait la une de certains journaux, Valéry préfère vendre à prix coûtant pour en faire profiter la jeunesse. Il fait aussi de nombreux dons à l'hôpital de Bourg-en-Bresse, à celui de Mulhouse et à des associations parrainées par Guillaume Gomez. Ce seront quelque cent mille euros rien que pour les hôpitaux…

En 2022, c'est la guerre que mène la Russie en Ukraine qui lui donne l'occasion de la solidarité. « Ce matin-là, j'allume la télé, ce que je ne fais jamais. Poutine vient de bombarder la centrale de Zaporizhzhya, le conflit a démarré depuis quelques semaines et je me dis que, même si les Ukrainiens ne doivent pas déjà manquer de nourriture, cela ne saurait tarder… » Valéry a encore une multitude de produits dans ses congélateurs et il décide de partir en Ukraine avec quelques amis, avec la ferme intention de faire rôtir ses volailles pour nourrir la population locale. Il appelle son ami Guillaume Gomez qui, après vingt-cinq ans de bons et loyaux services en tant que chef cuisinier de l'Élysée auprès de quatre présidents successifs, est devenu ambassadeur de la gastronomie française. Il lui expose ses projets et lui demande un coup de main « diplomatique », ce dernier connaissant naturellement les ambassadeurs de France à Varsovie et en Ukraine. « Donne-moi quinze jours et je pars avec toi », lui répond spontanément Guillaume Gomez. Le projet lancé à deux prend en quelques semaines une tout autre dimension. Ils partent finalement avec cent trente tonnes de nourriture, cent vingt mètres cubes de produits, quatre semi-remorques et huit véhicules. Valéry a fait jouer ses réseaux, ses amis. Tous rejoignent l'aventure : les *Boucheries André* à Lyon, Le Borvo, producteur de saumon fumé dans la région d'Auxerre. Ils quittent la banque alimentaire de Mulhouse le 1er avril à 8 heures du matin et roulent vingt-quatre heures sans s'arrêter jusqu'à Varsovie. À leur arrivée, ils offrent une large partie des denrées au chef étoilé José Andrés, créateur de la World Central Kitchen, qui se rend systématiquement sur les zones de conflits pour venir en aide aux populations. Ils nourrissent alors quelque quatre cent mille personnes, et les cent vingt mètres cubes de produits sont intégralement livrés dans les villages ukrainiens, même dans des lieux reculés. « L'opération a été un succès, 100 % de ce que l'on a apporté est allé à destination des gens qui en avaient besoin. Les entreprises privées, quand elles se donnent les moyens, sont capables de faire des choses incroyables : en trois semaines, on a dû trouver les produits, les réceptionner, les transformer, les conditionner – plus de cent tonnes de produits ont été cuisinés sous vide –, les stocker et les apporter ! »

Outre ses richesses naturelles, la Bourgogne-Franche-Comté regorge de talents, de compétences, de savoir-faire. Le département de l'Ain a depuis toujours l'un des taux de chômage les plus bas de France, et sa préfecture, Bourg-en-Bresse, est le siège d'une multitude d'entreprises florissantes du secteur agroalimentaire. Le dynamisme de la région n'est plus à prouver, et Les Volailles Miéral, comme nombre d'autres entreprises dépositaires d'un savoir-faire unique, font partie du patrimoine français. Nul doute que Valéry et Florent Miéral, forts de leurs traditions, du respect de la nature, et de l'amour du travail bien fait, œuvreront avec passion à sa pérennité.

SON LIEU DE PRÉDILECTION

Le triangle jurassien

Valéry Miéral vit dans son paradis terrestre, à la frontière du Jura, dans un triangle qui relie Château-Chalon, Nevy-sur-Seille et Baume-les-Messieurs. Un endroit magnifique qu'il convoitait depuis longtemps, où la nature est reine, les constructions rares.
Amateur de vin, de champignons, de pêche, mais aussi de sport, Valéry est dans son élément. « J'ai l'impression de partir en vacances chaque fois que je rentre chez moi. C'est un luxe absolu que d'y habiter. »

Château-Chalon et son vignoble

Crédits

Toutes les photos de l'ouvrage ont été réalisées par Gwen Le Bras, à l'exception des photos figurant sur les pages suivantes :

Page 17 : © Vecteezy.com

Pages 96 et 111 : © Benoît Siegfried

LES AUTEURS DE DÉBATS PUBLICS

Françoise Adamsbaum
Directrice du Musée international des arts modestes de Sète (MIAM)

Yaële Aferiat
Directrice de l'Association française des Fundraisers

Jean-Philippe Aka
Fondateur d'Africa Art Market Today

Hervé Amar
Président d'Ayming

Antoine Amiel
Cofondateur de LearnAssembly

Jean-Xavier Arnaud
Associé, Tilder

Julien Artu
Cofondateur de My Hospi Friends

François Asselin
Président de la CPME

Jacques Attali
Ancien conseiller spécial de François Mitterrand

André-Jacques Auberton-Hervé
Président-fondateur de Soitec

Fanny Auger
Fondatrice de The School of Life

Gilles Babinet
Cofondateur d'Isotope Energy

Bertrand Badré
Président de Blue like an Orange Sustainable Capital

Simon Baker
Directeur de la Maison européenne de la photographie (MEP)

Hector Balas
Cofondateur et dirigeant d'Impala

Jérôme Ballarin
Président de l'Observatoire de la parentalité en entreprise

Audrey Barbier-Litvak
Directeur général France et Europe du Sud de WeWork

Marie Barrot
Fondatrice d'AIM Prod

Agnès Bazin
Directeur du développement de Doctolib

Thierry Beaudet
Président du CESE

Anne-Sophie Beauvais
Directrice générale de Sciences Po Alumni

Salomé Berlioux
Fondatrice de Chemins d'avenirs

Adrien Bisseliches
Fondateur et directeur général de My Pop Up Store

Denis Blanc
Directeur général d'Ayming

Phillip Blond
Fondateur de ResPublica

Flore Bonnard
Fondatrice de l'application Rezto

Anissa Bonnefont
Scénariste et réalisatrice

Bruno Bonnell
Président de l'EM Lyon Business School

Jean-Marc Borello
Président du Groupe SOS

Valence Borgia
Cofondatrice de la Fondation des Femmes

Grégoire Borst
Professeur de psychologie du développement et de neurosciences cognitives de l'éducation à l'Université Paris-Descartes

Vanessa Boudin-Lestienne
Fondatrice de The Social Client

Kat Borlongan
Directrice de La French Tech

Vincent Bounes
Directeur de Pôle, Samu 31

Kevin Bourgeois
Cofondateur de Supermood

Jérôme Bourreau
Président d'Anamnèse

Nicolas Bouzou
Fondateur d'Asterès

Nicolas Brien
CEO de France Digitale

Tamara Brisk
Fondatrice de Mokki

Franck Bruel
Directeur général adjoint d'Engie

Jean-Martial Buisson
Avocat associé chez Fromont Briens

Moussa Camara
Président-fondateur de l'association Les Déterminés

Robert Cantarella
Codirecteur du Centquatre

Carolyn Carlson
Danseuse, chorégraphe et poétesse

Louis Champion
Directeur général de Stallergenes

Julie Chapon
Cofondatrice de Yuka

Thibaut Charmeil
Directeur général France du groupe Ayming

Xavier Charpentier
Cofondateur de FreeThinking

Jean-Louis Chaussade
Directeur général de Suez Environnement

Paul-Adrien Cormerais
Fondateur de Pony

Mathieu Cornieti
Président d'Impact Partenaires

Anne-Marie Couderc
Directrice générale de Presstalis

Professeur Charles Court
Chef du service orthopédie
et traumatologie, Hôpital Bicêtre

Thomas Courtois
Président de Nickel

Moano Dadou
Fondateur de RefuHelp

Amy Dahan
Directrice de recherche au CNRS

Julie Dautel
Cofondatrice d'Eonef

François Davy
Président du groupe Adecco

David De Faria
Directeur de Pôle Enfance

Martine Delbos
Directrice Générale
des Pépinières Guillaume

Antoine De Wilde
Président de La French Run

Marie Degrand-Guillaud
Directrice générale déléguée de Nickel

Paul de Leusse
Directeur général adjoint
du groupe Orange

Maxime Delmotte
Cofondateur de Balibart

Jean-Philippe Derosier
Professeur de droit public
à l'Université Lille 2
— Droit et Santé

Tanguy et Marine Desandre
Fondateurs de Maplaceencrèche

Didier Deschamps
Directeur de Chaillot
– Théâtre national de la danse

Jean-Luc Domenach
Créateur de l'Université Tsinghua

Éric Dournès
Fondateur de Créa-Sud et animateur
de l'émission de télévision
Bonsoir le Béarn !

Laurence Drake
Déléguée générale d'InPACT-Initiative

Mathieu Duquesne
Directeur de la stratégie
de SNCF Logistics

Jean-Loup Durousset
Président de la Fédération
de l'hospitalisation

Béatrice Eastham
Fondatrice et directrice de Green
Événements et Événements 3.0

Marie Ekeland
Fondateur de 2050

Caroline Eliacheff
Docteure en médecine,
psychanalyste et pédopsychiatre

Delphinc Ernotte Cunci
Présidente de France Télévisions

Charlotte Euzen
Associée, Tilder

Paola Fabiani
Présidente de Wisecom

Domitille Fafin
Directrice des relations institutionnelles
et de la communication de Shell

Charlotte Fairbank
Championne de tennis fauteuil

Jean-François Fallacher
PDG d'Orange España

Mireille Faugère
Directrice générale
de SNCF Voyages/Assistance publique
— Hôpitaux de Paris

Frédéric Fisbach
Codirecteur du Centquatre

Hubert Flichy
Senior counsel au cabinet
Flichy Grangé Avocats

Françoise Forette
Directrice d'ILC-France

Nicolas Froissard
Porte-parole et codirigeant
du Groupe SOS

Jean-Baptiste de Froment
Conseiller Éducation
de Nicolas Sarkozy à l'Élysée

Sophie Gaillet
Fondatrice de Grand-Mercredi

Marianne Gallardo
Project leader et research engineer
chez Engie

Mathieu Gallet
Fondateur et président de Majelan

Cristina Garmendia
Présidente de la Fundación España
Constitucional

Pierre Gattaz
Président du Medef

Julie Gayet
Actrice, productrice de cinéma
et réalisatrice française

Marie Georges
Présidente de Willa,
ex-Paris Pionnières

Philippe Germain
Directeur de Ciclic, l'agence régionale
du Centre pour le livre,
l'image et la culture numérique
du Centre-Val de Loire

Philippe Girod
Président de Gouverneur Audigier

David Gordon-Krief
Associé, UGGC Avocats

Laurent de Gourcuff
Fondateur de Paris Society

Élodie Grimoin
Cofondatrice et CTO d'Urban Canopee

Anne-Sophie Grouchka
Chief operating and transformation officer d'Allianz France

Isabelle Guichot
Directrice générale de Maje

Sophie Guillin
Directrice Générale du Groupe Guillin

Cécile Guillou
Directrice exécutive générale de Franprix

Khamsa Habouchi
Directrice adjointe du Centre Virchow-Villermé

Vanessa Hary
Fondatrice, Les Intrépides

Paul Hatte
PDG de Hatis

Nicolas Hazard
Fondateur d'Inco

Christophe Heugas
Docteur, Laboratoire Biopyrénées

Anne Hidalgo
Maire de Paris

Caroline Hilliet-Le Branchu
Directrice Générale de La Belle-Iloise

Klaus Hommels
Fondateur de Lakestar

Martin Hook
Directeur général d'Ayming UK

Tarek S. Hosni
Directeur général d'Alvarez & Marsal

Sarah Huisman-Coridian
Associée fondatrice et directrice générale d'Equanity

Thierry Jadot
Président de Dentsu Aegis Network France

Olivier Jaillon
Président, Chief executive & Enablement Officer, Wakam

Henri Jeannequin
Directeur Général de Maison Marc

Patrick Jeantet
PDG de SNCF Réseau

Jean-Paul Julia
Directeur général de la Banque Populaire Bourgogne Franche-Comté et Pays de l'Ain

Marcel Kahn
Directeur général du groupe MACSF

Nathanaël Karmitz
PDG de MK2

Frederik W. de Klerk
Prix Nobel de la paix 1993

Guillaume Klossa
Fondateur d'EuropaNova

Gaspard Koenig
Fondateur du think tank GenerationLibre

Alain Krakovitch
Directeur de SNCF Transilien

Arnaud de Lacoste
Directeur général d'Acticall Sitel

Olivier Lacrampe
Docteur, Laboratoire Biopyrénées

Ingrid Lamri
Project director chez Engie

Véronique Langlois
Cofondatrice de FreeThinking

Serge Lasvignes
Président du Centre national d'art et de culture Georges-Pompidou

Frédéric Latrobe
Associé, Tilder

Jean-Yves Le Gall
Président du Centre national d'études spatiales

Ludovic Le Moan
Cofondateur de Sigfox

Fabrice Le Saché
Fondateur d'Aera

Philippe Lemoine
Président de la Fondation Internet nouvelle génération

Philippe Lentschener
Président de Publicis France

Matthias Leridon
Président-fondateur de Tilder

Enrico Letta
Doyen de l'École des affaires internationales de Sciences-Po

Aude Letty
Directrice Innovation Santé et déléguée générale de l'Institut du Bien Vieillir Korian

Chen Lifang
Corporate Senior Vice-President and Director of the Board, Huawei

Jean-Hervé Lorenzi
Président du Cercle des Économistes

Pascal Lorne
Fondateur et CEO de Gojob

Marina Maestrutti
Maîtresse de conférences en sociologie à l'Université Paris 1 Panthéon-Sorbonne, Cetcopra

Christine Maffli
Fondatrice de Venera Création

Thierry Malandain
Chorégraphe et directeur, Centre chorégraphique national de Nouvelle-Aquitaine en Pyrénées-Atlantiques/ Malandain Ballet Biarritz

Angèle Malâtre-Lansac
Directrice déléguée à la santé à l'Institut Montaigne

Pierre-Alain de Malleray
Directeur général du groupe Santiane

Moussa Mara
Premier ministre du Mali

Emma Marcegaglia
Présidente d'Eni

Stéphane Mariaccia
Animatrice d'ateliers de mémoire, association Komedia

Sandrine Martinet
Championne paralympique de judo

Philippe Mas
Fondateur de Modularche

Michel Mathieu
Directeur général de LCL

Olivier Mathiot
Directeur général de 2050

Muriel Mayette-Holtz
Directrice du Théâtre National de Nice

Dominique Méda
Directrice de l'Irisso

Bruno Mettling
Président d'Orange Middle East and Africa

Marc Mézard
Directeur de l'École normale supérieure de Paris

Sacha Michaud
Fondateur de Glovo

Christian Miele
Président de German Startups Association

Valéry Miéral
Président des Volailles Miéral

Éric Mignot
Président et fondateur de +Simple

Fatiha Mlati
Directrice de l'intégration chez France terre d'asile

Jean-Paul Mochet
Directeur général de Franprix

Dominique Mockly
Président de Teréga

Grégory Mollet-Viéville et Romain Rainaut
Créateurs de CYD

François De Montaudouin
Membre du Ayming Institute's Advisory Board et Senior advisor, Tilder

Filippo Monteleone
Directeur général délégué du groupe Générale de santé

Aurélie Motta-Rivey
Vice-présidente de l'AFNU

Antoine Motte
Créateur de Constructions-3D

Patricia Moulin Lemoine
Présidente du Conseil de Surveillance du groupe Galeries Lafayette

Claude Nahon
Directrice du développement durable et de l'environnement au sein du groupe EDF

Séverin Naudet
Fondateur et global CEO de Socialyse

Axelle N'Ciri
Fondatrice de MAP Patho

Olivier Nicolas
Membre du Comité exécutif, LCL

Céline Orjubin
Cofondatrice et directrice générale de My Little Paris

Kevin Ortega
Fondateur de Coiff in the street

Haiba Ouaissi
Cofondateur de la plate-forme lecontratdetravail.com

Amélie Oudéa-Castéra
Directrice marketing et digital du groupe AXA

Rachid Ouramdane
Codirecteur du Centre chorégraphique national de Grenoble

Ali Parsa
Fondateur et PDG de Babylon Health

Michel Paulin
PDG d'OVHcloud

Emmanuel Petiot
Directeur général de Deinove

Nicolas Petrovic
PDG France et Belgique de Siemens

Céline Peudenier
Membre du directoire du Groupe SOS

Fabien Piazzon
Associé Qualité de vie au travail chez Ayming

Alain Picard
Directeur général de SNCF Logistics

François Pignol
Directeur Grands comptes Luxe chez Google Paris

Laurie Pilo
Directrice générale d'Ayming Benelux

Dominique Pitoiset
Directeur Général et Artistique de l'Opéra de Dijon

Thomas Plantenga
PDG de Vinted

Olivier Poivre d'Arvor
Ambassadeur de France en Tunisie

Célia Poncelin
Fondatrice de Lunetist

Marie-Alice Thierry Portmann
Directrice des ressources humaines d'Ayming

Philippe Pouletty
Cofondateur de Truffle Capital

Cyril Quenet
Cofondateur de Label Famille

Pierre Rabhi
Créateur du mouvement Colibris

Jonas Ramuz
Président et cofondateur de Quai 36

Laure de La Raudière
Présidente de l'Arcep

Raymond Redding
Directeur général du Courrier de La Poste

Florian Reinaud
Cofondateur et président de Concilio

Helmut Reisinger
CEO d'Orange Business Services

Hugues Renson
Vice-président de l'Assemblée nationale

Sandra Rey
Fondatrice et PDG de Glowee

Stéphane Richard
Président-directeur général d'Orange

Anne Rigail
Directrice générale d'Air France

Rémy Rioux
Directeur général de l'Agence française de développement

Gaël Riva
Organisateur du Drive Repas solidarité de la Loubière

Robin Rivaton
Directeur général de l'agence d'attractivité de la région Île-de-France

Lucie-Éléonore Riveron
Cofondatrice et présidente de Fauve Paris

Patrick Ropert
Directeur général de SNCF Gares & Connexions

Père Matthieu Rougé
Docteur en théologie

Nicolas Rousselet
Président de G7, ADA et Homebox

Gérard Saillant
Médecin, consultant, Fédération internationale de l'automobile

Cédric Sanial
Agriculteur en Haute-Loire

Michel Sapin
Ministre des Finances et des Comptes publics

Marie-Laure Sauty de Chalon
Présidente de Carat

Jacques-Olivier Schatz
Directeur des opérations de Wakam

Wolfgang Schäuble
Ministre fédéral des Finances

Olivier Schwartz
Directeur de l'unité de recherche Virus et immunité à l'Institut Pasteur

Vincent Sciandra
PDG de METRON

Hervé Seck
Chef de projet chez Diambars

Mouna Sepehri
Associée, Tilder

Olivier Sibony
Associé, McKinsey

Yannick Silva
Designer et inventeur, Yanook

Victor Simon
Président de WorldSkills France Champions

Alvaro de Soto
Professeur à l'École d'affaires internationales de Sciences-Po Paris

Martin Stephan
Directeur général adjoint de Carbios

Volkan Tanaci
Fondateur de CityBzz

Aurélie Thévenet
Fondateur de Linestie

Jean Todt
Président de la FIA

Albert Toikeusse Mabri
Ministre des Affaires étrangères de la république de Côte d'Ivoire

Camille Thomas
Violoncelliste

Vincent Tomasetig
Coordinateur de groupe, Maker Béarn

Michaël Trabbia
Directeur Exécutif Technologies et Innovation d'Orange

Marie Trellu-Kane
Présidente-fondatrice d'Unis-Cité

Cécile Verdier
Présidente de Christie's France

Agnès Verdier-Molinié
Directrice de la fondation iFRAP

Augustin Verlinde
Fondateur de Frizbiz

Gilles Vermot Desroches
Directeur Développement durable de Schneider Electric

Daniel Vervloet
Président de la FFAL

Martin Vial
Directeur général d'Europ Assistance

Frédéric Vincent
Président de Nexans

Benoît Voituriez
Directeur administratif et financier du Ballet Preljocaj

Jean-Pierre Wiedmer
Président de HSBC Assurances

Pascale Witz
Présidente de PWH Advisors

Camille Zonca
Cofondatrice de Label Famille

DEBATS PUBLICS

Retrouvez-nous sur
le site Internet de Débats Publics

www.debatspublics.com

II/II

Débats Publics s'engage dans une démarche
de développement durable par respect pour ses lecteurs
et pour l'environnement.

La conception, la composition et l'impression
de ce livre ont été réalisées en France.

Conception graphique : A noir
Composition et mise en pages : Nord Compo
Impression : Octobre 2022
Imprimeur : Typolibris
Première édition : Novembre 2022

Cet ouvrage est également disponible au format eBook.

La Clairière des LIVRES

*Pour chaque titre d'un livre imprimé, un arbre est planté
dans une forêt de 7 hectares en Centre Bretagne.
« Contribuons activement à l'avenir de notre planète,
regardons pousser les livres de demain ».*

ISBN : 978-2-37509-720-5
Achevé d'imprimer : Octobre 2022
Dépôt légal : Novembre 2022